die Buchreihe
zur website

mathetreff-online

www.mathetreff-online.de

Prozentrechnen

einfach erklärt

Hallo!

Ich bin **Mady** und lerne mit dir das Prozentrechnen. Ich wünsche dir viel Spaß beim Lernen und Üben!

Dieses Buch gehört:

_____

1. Auflage: 02.12.17

ISBN: 9783746013886

Herstellung und Verlag: Books on Demand GmbH, Norderstedt

Inhaltsverzeichnis

1. Vorwort

Sersheim, im Dezember 2017

Vielen Dank für den Kauf dieses Buches.

Mit der eigenen Buchreihe zur Website geht das mathetreff-online-Team einen Schritt weiter und kombiniert das Lernen online und offline zu einem Gesamtpaket. Angefangen als Hobby zweier Realschüler im Großraum Stuttgart wurde aus der kleinen Homepage bis heute ein wachsendes Portal – eine feste Größe innerhalb der Nische „Mathe lernen im Internet".

Die Website wurde damals im Jahr 2000 ins Leben gerufen, um den oft trockenen Lernstoff des Faches Mathematik für unsere Mitschüler und uns selbst aufzubereiten. Eben nur auf moderne Art und Weise, gemixt mit einer ordentlichen Portion Spaß. Auch wenn wir mittlerweile keine Schüler mehr sind und fest im (nicht akademischen) Berufsleben stehen, hat sich an diesem Grundgedanken nichts geändert.

Anhand der vielen Feedbacks versuchen wir ständig, die Website an die Bedürfnisse unserer Besucher anzupassen. Mehr über die Website findest du am Ende dieses Buches. Auch für dieses Buch wünschen wir uns konstruktive Rückmeldungen. Über die Positiven freuen wir uns natürlich besonders ☺!

Du erreichst uns per E-Mail ✉ (buch@mathetreff-online.de), über Facebook f (www.facebook.com/mathetreffonline), über Twitter 🐦 (@mathetreffonlin – das „e" am Ende von „mathetreffonline" wollte Twitter nicht hergeben ☺).

Wenn dir dieses Buch besonders gut gefällt, empfehle es doch deinen Freunden, Mitschülern, Eltern oder auch deinen Lehrern weiter! Falls du in den sozialen Netzwerken aktiv bist, like 👍 uns doch auf Facebook und/oder folge uns auf Twitter.

Viel Spaß mit dem Buch wünschen dir die Gründer von mathetreff-online

Philipp „Phil" Schrenk und Christian „Chris" Hensel

2. was ist eigentlich Prozent?

Du hast bestimmt schon in den wöchentlich erscheinenden Angebotsblättern von Supermarktketten gesehen, dass bestimmte Artikel des Sortiments beispielsweise um 28 % reduziert sind. Was bedeutet das? Und was ist das für ein Zeichen mit dem Schrägstrich und den beiden Kreisen?

2.1. wie alles begann...

Schon sehr früh mussten die Menschen mit Zehntel oder Hundertstel rechnen, beispielsweise bei der Besteuerung oder der Zinsrechnung, wenn sie sich Geld geliehen haben. Die frühzeitlichen Bauern mussten jedes Jahr 10 % ihrer erwirtschafteten Erträge (der so genannte Zehnte) an den jeweiligen Landesherrn oder die Kirche abgeben. Ein Zehntel bestimmten die Bauern damals, indem Sie ihre gesamte Ernte in zehn gleichgroße Teile geteilt haben. Ein Zehntelteil mussten sie dann an ihren Landesherrn abgeben. Stell dir einfach vor, du würdest ein Blatt Papier in zehn gleichgroße Streifen schneiden. Einer dieser Streifen ist dann ein Zehntel des gesamten Blattes. Geschrieben wird ein Zehntel entweder als Bruch ($\frac{1}{10}$) oder als Dezimalzahl (0,1).

In uralten italienischen Manuskripten aus dem 14. Jahrhundert tauchen Ausdrücke wie »X p cento« oder »10 p 100« auf. Das kleine p steht für das italienische Wort per, das ins Deutsche übersetzt pro bedeutet, cento ist auch italienisch und bedeutet übersetzt hundert. »Pro cento« bzw. Prozent heißt daher **pro hundert**. »X p cento« oder »10 p 100« bedeutet demnach 10 pro 100, da X das römische Zeichen für 10 ist. Ein Hundertstel erhältst du, wenn du dementsprechend ein Ganzes in hundert gleichgroße Teile teilst. Geschrieben wird ein Hundertstel entweder als Bruch ($\frac{1}{100}$) oder als Dezimalzahl (0,01). Heute würde diese Angabe als 10 % (sprich: zehn Prozent) geschrieben werden. Vorstellen kannst du dir das in etwa so: Teile ein Ganzes in 100 gleichgroße Stücke und nimm dir anschließend 10 Stücke davon.

2.2. Das Prozentzeichen

Dieses Zeichen mit den zwei Kreisen und dem Schrägstrich wird Prozentzeichen genannt. Den Begriff Prozent gibt es schon sehr lange, ebenso das Zeichen, das sich allerdings erst im Laufe der Zeit zum heutigen Symbol entwickelt hat.

In den italienischen Manuskripten aus dem 14. Jahrhundert schrieben die Menschen Prozent noch fast wörtlich in Form von »X p cento« oder »10 p 100« auf. Das kleine p mit dem durchgestrichenen Schaft (ꝑ) steht für das italienische Wort per, zu deutsch pro.

Diese Schreibweise war den damaligen Menschen wohl zu lang und so entstand durch Verschmelzung von »per cento« die Kurzform »ꝑ c°«. Schließlich wanderte der kleine Kreis über das c in Form von »ꝑ c̊«.

Im 17. Jahrhundert entwickelte sich dann das Symbol $\frac{o}{o}$, bestehend aus zwei kleinen Kreisen, die durch einen waagrechten Strich getrennt sind. Daraus entstand ab der Mitte des 19. Jahrhunderts das heutige Prozentzeichen als %. Die beiden Kreise wurden beibehalten, der waagrechte Strich wich einem Schrägstrich.

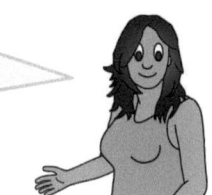

Das Prozentzeichen (%) sieht aus wie ein verschobener Bruch und hat im Zähler (oben) und im Nenner (unten) einen Kreis stehen.

3. Die Prozentrechnung

Die Prozentrechnung ist eine einfache Rechnung. Du hast hierbei eine kurze Formel mit nur vier Werten, von denen sogar einer fest vorgegeben ist. Daher ist auch das Umstellen der Formel sehr einfach, falls du einen anderen Wert als den Prozentsatz berechnen musst. Aber wie du die Formel umstellst, zeige ich dir an gegebener Stelle.

Die Prozentrechnung stellt ein **Größenverhältnis** anschaulich dar, indem die Größe zu einem einheitlichen **Grundwert** ins Verhältnis gesetzt wird. Das will ich dir an einem Beispiel erklären: Bäcker Krümel backt jeden Morgen insgesamt 250 Brötchen, davon sind 160 Laugenbrötchen. Diese Angaben sind nicht sehr aussagekräftig. Mehr als die Hälfte der Brötchen sind Laugenbrötchen, aber so genau kann man mit der Aussage nichts anfangen. Bäcker Süß backt jeden Morgen insgesamt 375 Brötchen, davon sind 195 Laugenbrötchen. Auch hier sind es wieder mehr als die Hälfte. Bäcker Süß backt zwar mehr Laugenbrötchen, aber auch insgesamt mehr Brötchen. Wo ist jetzt der Anteil höher? Wenn du beide direkt miteinander vergleichst, wird es schwierig.

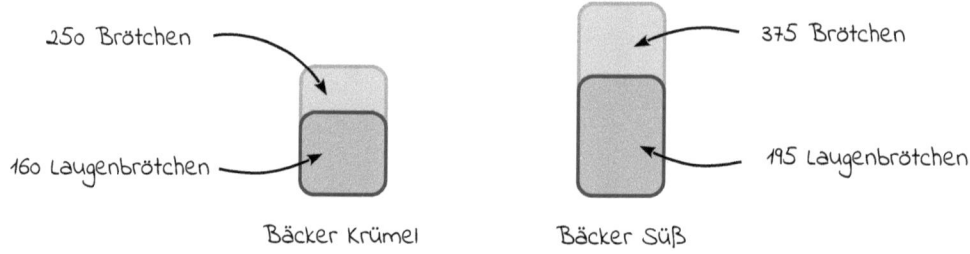

250 Brötchen

160 Laugenbrötchen

375 Brötchen

195 Laugenbrötchen

Bäcker Krümel   Bäcker Süß

3.1. Grundwert G - der Ausgangswert

Und hier kommt die Prozentrechnung ins Spiel. Sie geht von einem festen **Grundwert** aus, der immer gleich ist. Er beträgt immer **100 %**, da Prozent lateinisch ist und übersetzt »von Hundert« heißt. Abgekürzt wird der Grundwert übrigens mit dem Großbuchstaben **G**. Der Grundwert ist der Ausgangswert oder die Ausgangsgröße bei der Prozentrechnung. Auf diesen Wert bezieht sich alles. Er entspricht dabei der vollen Grundgröße (das Ganze). Beim Bäcker Krümel bilden die 250 Brötchen den Grundwert, sie sind das Ganze, also 100 %. Beim Bäcker Süß sind die 375 Brötchen ebenfalls der Grundwert (das Ganze) und somit 100 %.

Jetzt hast du schon einmal die gleiche Ausgangsbasis. Du hast beide Brötchenzahlen gleichgesetzt. Jede Anzahl beträgt dabei 100 %. Nun ist es nicht mehr relevant, ob das Ganze 250 Brötchen oder 375 Brötchen sind. Wichtig ist nur, dass 100 % das Ganze ist. So kannst du beide Brötchenzahlen als Säulen darstellen, die jeweils gleich hoch sind.

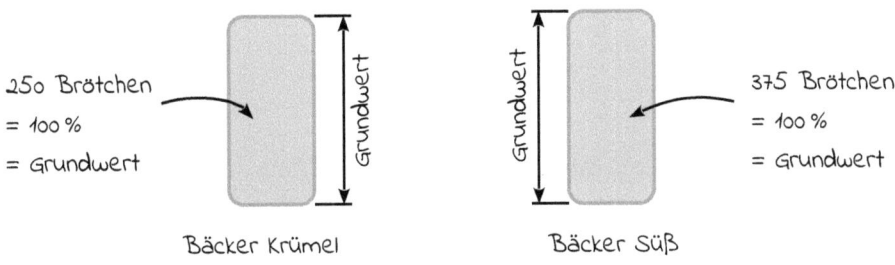

250 Brötchen
= 100 %
= Grundwert

Bäcker Krümel

375 Brötchen
= 100 %
= Grundwert

Bäcker Süß

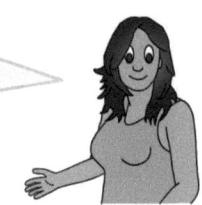

Der Grundwert G ist die Ausgangsgröße bei der Prozentrechnung. Er umfasst das Ganze und beträgt immer 100 %.

3.2. Prozentwert P – der zweite Wert

Bislang haben wir nur den Grundwert G bestimmt. Wir haben noch eine Zahl, nämlich die Anzahl der Laugenbrötchen: Bei Bäcker Krümel sind es 160 Laugenbrötchen, bei Bäcker Süß 195 Laugenbrötchen. Dieser zweite Wert wird **Prozentwert** genannt. Abgekürzt wird er mit dem Großbuchstaben **P** und entspricht nur einem Teil des Grundwertes G. Um diesen Wert geht es. Das bedeutet, wenn beispielsweise von 250 Brötchen 160 Laugenbrötchen sind, dann stellt der Prozentwert diese 160 Laugenbrötchen dar.

> Der Prozentwert P ist der zweite Wert bei der Prozentrechnung. In der Regel ist dieser Wert kleiner als der Grundwert, kann aber auch größer sein.

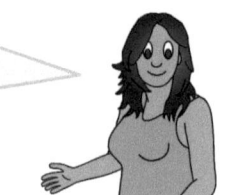

3.3. Prozentsatz p% – das Verhältnis

Der Prozentwert wird ins **Verhältnis** zum Grundwert gesetzt. Dazu teilst du den Anteil durch das Ganze, also dividierst du den Prozentwert durch den Grundwert. Hierfür benötigst du einen Bruch. In diesem Bruch steht der Prozentwert oben im Zähler, der Grundwert steht unten im Nenner. Der Bruch sieht dann so aus:

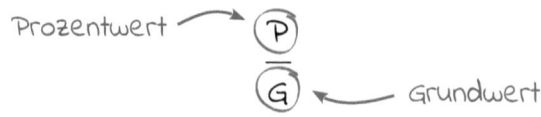

Mit diesem Bruch bildet die Prozentrechnung aus beiden Werten (dem ursprünglichen Grundwert und dem Anteil) ein Verhältnis. Abgekürzt wird dieses Verhältnis mit dem Kleinbuchstaben **p**.

Aus dem Bruch ist nun eine Gleichung oder eine kleine Formel geworden:

$$p = \frac{P}{G}$$

Dividierst du den Prozentwert P (Anteil) durch den Grundwert G (das Ganze), bekommst du eine Zahl heraus, die im Regelfall kleiner als 1 ist. Das Verhältnis der Brötchen des Bäckers Krümel beträgt 160 : 250 = 0,64 und das Verhältnis der Brötchen des Bäckers Süß beträgt 195 : 375 = 0,52.

Am Anfang dieses Buches hast du gelernt, dass Prozent »von Hundert« bedeutet. Der Grundwert (die Gesamtanzahl der Brötchen) sind 100 %. Das Verhältnis ist aber aktuell eine Zahl, die sogar kleiner als 1 ist. Dieses Verhältnis **multiplizierst du nun mit 100** und hängst das Prozentzeichen (%) an. Durch die Multiplikation mit 100 wird aus der Dezimalzahl eine Prozentzahl. Aus dem p und dem Prozentzeichen wird der **Prozentsatz**, der mit p% dargestellt wird.

Die Formel ist zur **allgemeinen Prozentformel** geworden:

Prozentsatz $\qquad p\% = \frac{P}{G} \cdot 100 \qquad$ Multiplikation mit 100

Der Prozentsatz p% ist das Verhältnis des Prozentwertes P am Grundwert G. Das bedeutet, wenn du alles hast, sind es 100 %, wenn du nichts hast, sind es 0 %. Der Rest liegt entsprechend dazwischen.

Multiplizierst du ein Verhältnis mit 100, erhältst du eine Prozentzahl. Beim ersten Verhältnis lautet die Prozentzahl 0,64 · 100 = 64 %, beim zweiten Verhältnis lautet sie 0,52 · 100 = 52 %.

Das bedeutet, wenn beispielsweise von 250 Brötchen 160 Laugenbrötchen sind, dann stellt der Prozentsatz dieses Verhältnis (160 : 250) als 0,64 dar. Damit das Ergebnis des Verhältnisses greifbarer ist, wird es noch mit **100 multipliziert**. Da es sich jetzt um eine Prozentzahl handelt, wird das Prozentzeichen angehängt: 0,64 · 100 = 64 %. Es sind daher 64 % aller Brötchen Laugenbrötchen.

Diese beiden Prozentzahlen kannst du nun auf den Grundwert (100 %) beziehen: Bei Bäcker Krümel sind 64 von 100 Brötchen Laugenbrötchen, bei Bäcker Süß sind 52 von 100 Brötchen Laugenbrötchen.

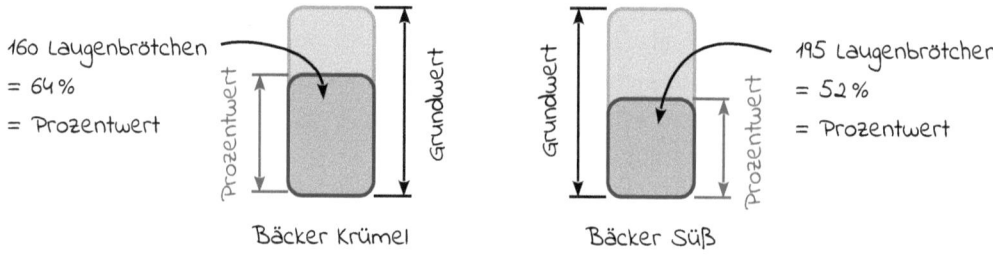

Jetzt kannst du beide Anteile einfach miteinander vergleichen: Bei Bäcker Krümel sind 64 % aller Brötchen Laugenbrötchen, bei Bäcker Süß sind es 52 %. Du siehst, obwohl Bäcker Krümel insgesamt weniger Brötchen backt, ist der Anteil an Laugenbrötchen trotzdem höher als bei Bäcker Süß, der insgesamt mehr Brötchen backt.

Die Prozentrechnung stellt ein Größenverhältnis (Prozentsatz) anschaulich dar, indem die Größe (Prozentwert) zu einem einheitlichen Grundwert ins Verhältnis gesetzt wird.

4. Wir rechnen mit Prozent

Nachdem wir uns mit dem Prozentzeichen und den ganzen Begriffen beschäftigt haben, wollen wir uns nun an die eigentliche Prozentrechnung wagen und Schritt für Schritt die ersten Rechnungen angehen.

4.1. Die Berechnung des Prozentsatzes p%

Die Berechnung des Prozentsatzes p% ist die einfachste Art in der Prozentrechnung, da du hierbei die Prozentformel nicht umstellen musst und einfach direkt losrechnen kannst.

Zu Beginn musst du lediglich die Werte für den Grundwert G und Prozentwert P aus der Aufgabenstellung ablesen bzw. herausfinden. Von 250 Brötchen sind es 160 Laugenbrötchen. Wie viel Prozent sind das?

Die 250 Brötchen sind das Ganze und stellen somit den Grundwert G dar (G = 250). Die 160 Laugenbrötchen sind ein Teil des Grundwertes und stellen daher den Prozentwert P dar (P = 160).

Damit du den Prozentsatz berechnen kannst, benötigst du die **Prozentformel**:

$$p\% = \frac{P}{G} \cdot 100$$

Nachfolgend ein allgemeines Beispiel, wie du den Prozentsatz p% berechnest:

So berechnest du den Prozentsatz p%	So sieht es aus
Du sollst den Prozentsatz p% bestimmen.	$G=100;\quad P=15$
1. Diese Formel benötigst du:	$p\%=\dfrac{P}{G}\cdot 100$
2. Setze die Werte in die Formel ein. Der Prozentwert P steht im Bruch oben (Zähler) und beträgt **15**. Ersetze das P durch 15.	$p\%=\dfrac{P}{G}\cdot 100$ $p\%=\dfrac{15}{G}\cdot 100$
3. Der Grundwert G steht im Bruch unten (Nenner) und beträgt **100**. Ersetze das G durch den Wert 100.	$p\%=\dfrac{15}{G}\cdot 100$ $p\%=\dfrac{15}{100}\cdot 100$
4. Berechne zuerst den Bruch: **15 : 100 = 0,15**.	$p\%=\dfrac{15}{100}\cdot 100$ $p\%=0,15\cdot 100$
5. Übrig bleibt eine Multiplikation. Berechne sie zum Schluss: **0,15 · 100 = 15 %**. Durch die Multiplikation mit 100 erhältst du eine Prozentzahl.	$p\%=0,15\cdot 100$ $p\%=15\%$
6. Der Prozentsatz p% lautet **15 %**.	$p\%=15\%$

Der Grundwert G, die Ausgangsgröße, beträgt 100. Der Prozentwert P beträgt 15. Das bedeutet, du hast einen Streifen Papier mit einer Länge von 100 Millimetern (10 Zentimeter), welcher den Grundwert darstellt. Anschließend malst du 15 Millimeter davon türkis an. Diese 15 Millimeter sind der Prozentwert. Wenn du das ins Verhältnis setzt und mit 100 multiplizierst, so stellen diese 15 Millimeter 15 % des gesamten Papierstreifens dar ((15 mm : 100 mm) · 100 = 0,15 · 100 = 15 %). Dieses Verhältnis wird Prozentsatz p% genannt.

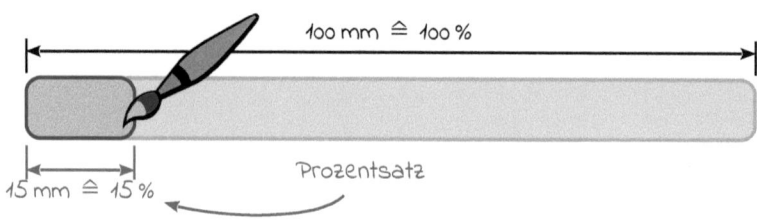

Nun muss der Grundwert G nicht immer genau 100 betragen. Er kann jede beliebige Zahl sein, z. B. 15 oder 506. Wichtig ist dabei nur, dass du den Grundwert immer in 100 gleichgroße Stücke teilst. So kannst du auch sehr schnell die Aufgabe von vorhin lösen: Von 250 Brötchen sind es 160 Laugenbrötchen. Wie viel Prozent sind dies?

Zu Beginn musst du lediglich die Werte für den Grundwert und Prozentwert aus der Aufgabenstellung herausfinden. Die 250 Brötchen sind das Ganze und stellen somit den Grundwert G dar (G = 250). Die 160 Laugenbrötchen sind ein Teil des Grundwertes und stellen daher den Prozentwert P dar (P = 160). Dividiere den Prozentwert P durch den Grundwert G: 160 : 250 = 0,64. Diese Zahl ist das Verhältnis des Prozentwertes zum Grundwert. Du musst sie jetzt noch in eine Prozentzahl umwandeln. Dazu wird sie mit 100 multipliziert: 0,64 · 100 = 64 %. Von den 250 Brötchen sind 64 % Laugenbrötchen.

So berechnest du den Prozentsatz p%	So sieht es aus
Du sollst den Prozentsatz p% bestimmen.	$G = 250; \quad P = 160$
1. Diese Formel benötigst du:	$p\% = \dfrac{P}{G} \cdot 100$
2. Setze die Werte in die Formel ein. Der Prozentwert P beträgt **160** und der Grundwert G beträgt **250**.	$p\% = \dfrac{P}{G} \cdot 100$ $p\% = \dfrac{160}{250} \cdot 100$
3. Berechne zuerst den Bruch: **160 : 250 = 0,64**.	$p\% = \dfrac{160}{250} \cdot 100$ $p\% = 0,64 \cdot 100$
4. Übrig bleibt eine Multiplikation. Berechne sie zum Schluss: **0,64 · 100 = 64 %**. Durch die Multiplikation mit 100 erhältst du eine Prozentzahl.	$p\% = 0,64 \cdot 100$ $p\% = 64\%$
5. Der Prozentsatz p% lautet **64 %**.	$p\% = 64\%$

Der Prozentsatz p% ist das Verhältnis des Prozentwertes P am Grundwert G. Um ihn zu bestimmen, dividierst du den Prozentwert P durch den Grundwert G. Anschließend wird das Ergebnis noch durch die Multiplikation mit 100 in eine Prozentzahl umgewandelt.

4.2. Die Berechnung des Grundwertes G

Bei einigen Aufgaben ist nicht der Prozentsatz p% gesucht, sondern der Grundwert G, die Ausgangsgröße. Das stellt mathematisch kein Problem dar, da du nur die Prozentformel umstellen musst. Damit du den Grundwert G berechnen kannst, muss er alleine stehen. Du verschiebst ihn daher zuerst auf die linke Seite zum p% und anschließend verschiebst du das p% nach rechts. Wie du das machst, zeige ich dir jetzt.

Grundwert

$$p\% = \frac{P}{G} \cdot 100$$

So stellst du die Prozentformel nach G um	So sieht es aus
Die Ausgangsformel ist die Prozentformel, die du nach **G** umstellen musst.	$p\% = \dfrac{P}{G} \cdot 100$
1. Das G muss am Ende alleine stehen. Da das G mit dem P durch eine Division (Bruch) verbunden ist, musst du beide Seiten **mit G multiplizieren**, um den Bruch aufzulösen.	$p\% = \dfrac{P}{G} \cdot 100 \qquad \mid \cdot G$ $p\% \cdot G = \dfrac{P}{G} \cdot 100 \cdot G$
2. Auf der rechten Seite steht die Rechnung **G : G** ($\frac{G}{G}$), die sich aufhebt (ergibt 1). Die Division kommt daher zustande, dass ein G im Nenner des Bruches steht. Der Bruch ist verschwunden und du erhältst die Gleichung **p% · G = P · 100**.	$p\% \cdot G = \dfrac{P}{\cancel{G}} \cdot 100 \cdot \cancel{G}$ $p\% \cdot G = P \cdot 100$
3. Zwar steht das G auf der linken Seite, nur das **p% stört noch**. Da das p% mit dem G durch eine Multiplikation verbunden ist, musst du beide Seiten **durch p% dividieren**.	$p\% \cdot G = P \cdot 100 \qquad \mid : p\%$ $\dfrac{p\% \cdot G}{p\%} = \dfrac{P \cdot 100}{p\%}$
4. Auf der linken Seite steht die Rechnung **p% : p%** ($\frac{p\%}{p\%}$), die sich aufhebt (ergibt 1). Die Division kommt durch den Bruch zustande. Der Bruch auf der linken Seite ist verschwunden und das G steht alleine.	$\dfrac{\cancel{p\%} \cdot G}{\cancel{p\%}} = \dfrac{P \cdot 100}{p\%}$ $G = \dfrac{P \cdot 100}{p\%}$
5. Du erhältst zum Schluss diese Formel, mit der du den Grundwert G bestimmen kannst.	$G = \dfrac{P \cdot 100}{p\%}$

Du erhältst die umgestellte Formel, mit der du aus dem Prozentwert P und dem Prozentsatz p% schnell und einfach den Grundwert G berechnen kannst:

$$G = \frac{P \cdot 100}{p\%}$$

So berechnest du den Grundwert G	So sieht es aus
Du sollst den Grundwert G bestimmen.	$P = 15;\ p\% = 15\%$
1. Diese Formel benötigst du:	$G = \dfrac{P \cdot 100}{p\%}$
2. Setze die Werte in die Formel ein. Der Prozentwert P steht im Bruch oben und beträgt 15. Ersetze das P durch 15.	$G = \dfrac{P \cdot 100}{p\%}$ $G = \dfrac{15 \cdot 100}{p\%}$
3. Der Prozentsatz p% steht im Bruch unten und beträgt 15 %. Ersetze das p% durch 15 %.	$G = \dfrac{15 \cdot 100}{p\%}$ $G = \dfrac{15 \cdot 100}{15\%}$
4. Berechne zuerst die Multiplikation im Zähler: $15 \cdot 100 = 1.500\,\%$. Durch die Multiplikation mit 100 erhältst du eine Prozentzahl.	$G = \dfrac{15 \cdot 100}{15\%}$ $G = \dfrac{1500\%}{15\%}$
5. Übrig bleibt ein Bruch. Berechne ihn zum Schluss: $1.500\,\% : 15\,\% = 100$. Das Prozentzeichen kürzt sich dabei weg.	$G = \dfrac{1500\cancel{\%}}{15\cancel{\%}}$ $G = 100$
6. Der Grundwert G lautet 100.	$G = 100$

Der Prozentwert P, der Anteil, beträgt 15. Der Prozentsatz p%, das Verhältnis zum Gesamten, beträgt 15 %. Das bedeutet, du hast an einem Streifen Papier, dessen Länge du nicht weißt, 15 Millimeter türkis angemalt. Aber du weißt, dass diese 15 Millimeter 15 % der gesamten Länge sind, die dem Grundwert (100 %) entsprechen. Wenn du nun den Prozentwert durch den Prozentsatz dividierst und mit 100 multiplizierst, erhältst du die Länge des Streifens. Diese Länge wird Grundwert G genannt und beträgt (15 mm · 100) : 15 % = 1.500 mm : 15 % = 100 mm.

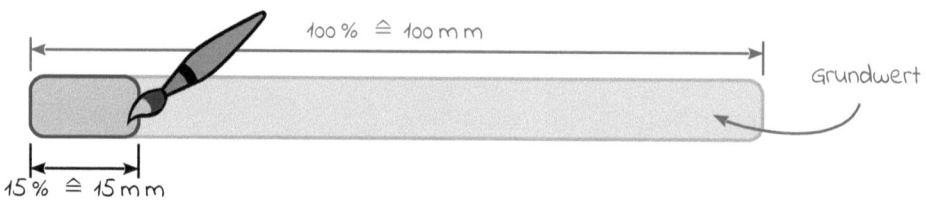

Nun muss der Grundwert G nicht immer genau 100 betragen. Er kann jede beliebige Zahl sein, z. B. 15 oder 506. Wichtig ist dabei nur, dass du den Grundwert immer in 100 gleichgroße Stücke teilst. So kannst du sehr schnell die Aufgabe von vorhin lösen: Ein Bäcker backt 160 Laugenbrötchen. Dies sind 64 % aller Brötchen. Wie viele Brötchen backt der Bäcker insgesamt?

Zu Beginn musst du die Werte für den Grundwert G und Prozentwert P bestimmen. Die 160 Laugenbrötchen sind ein Teil aller Brötchen und stellen daher den Prozentwert P dar (P = 160). Der Wert, der das Prozentzeichen besitzt, ist der Prozentsatz p% (p% = 64 %). Multipliziere den Prozentwert mit 100, um ihn in eine Prozentzahl umzuwandeln: 160 · 100 = 16.000 %. Dividiere dieses Ergebnis anschließend durch den Prozentsatz: 16.000 % : 64 % = 250. Das Prozentzeichen kürzt sich weg und übrig bleibt wieder eine Dezimalzahl. Der Bäcker backt insgesamt 250 Brötchen.

So berechnest du den Grundwert G	So sieht es aus
Du sollst den Grundwert G bestimmen.	$P=160$; $p\%=64\%$
1. Diese Formel benötigst du:	$G=\dfrac{P \cdot 100}{p\%}$
2. Setze die Werte in die Formel ein. Der Prozentwert P beträgt 160 und der Prozentsatz p% beträgt 64 %.	$G=\dfrac{P \cdot 100}{p\%}$ $G=\dfrac{160 \cdot 100}{64\%}$
3. Berechne zuerst die Multiplikation im Zähler: 160 · 100 = 16.000 %. Durch die Multiplikation mit 100 erhältst du eine Prozentzahl.	$G=\dfrac{160 \cdot 100}{64\%}$ $G=\dfrac{16000\%}{64\%}$

So berechnest du den Grundwert G	So sieht es aus
4. Übrig bleibt ein Bruch. Berechne ihn zum Schluss: **16.000 % : 64 % = 250**. Das Prozentzeichen kürzt sich dabei weg.	$G = \dfrac{16000\,\%}{64\,\%}$ $G = 250$
5. Der Grundwert G lautet **250**.	$G = 250$

Der Grundwert G ist die Ausgangsgröße bei der Prozentrechnung. Um ihn zu bestimmen, multiplizierst du den Prozentwert mit 100, um ihn in eine Prozentzahl umzuwandeln. Anschließend dividierst du das Ergebnis durch den Prozentsatz.

4.3. Die Berechnung des Prozentwertes P

Bei einigen Aufgaben ist nicht der Prozentsatz p% gesucht, sondern der Prozentwert P, der zweite Wert. Das stellt mathematisch kein Problem dar, da du nur die Prozentformel umstellen musst. Damit du den Prozentwert P berechnen kannst, muss er alleine stehen. Du verschiebst daher den Grundwert G auf die linke Seite zum p% und teilst anschließend alles durch 100. Wie du das machst, zeige ich dir jetzt:

Prozentwert

$p\% = \dfrac{P}{G} \cdot 100$

So stellst du die Prozentformel nach P um	So sieht es aus
Die Ausgangsformel, die Prozentformel, die du nach **P** umstellen musst.	$p\% = \dfrac{P}{G} \cdot 100$
1. Da das P mit dem G durch eine Division (Bruch) verbunden ist, musst du beide Seiten **mit G multiplizieren**.	$p\% = \dfrac{P}{G} \cdot 100 \qquad \mid \cdot G$ $p\% \cdot G = \dfrac{P}{G} \cdot 100 \cdot G$

So stellst du die Prozentformel nach P um	So sieht es aus
2. Auf der rechten Seite steht die Rechnung G : G ($\frac{\dot{G}}{G}$), die sich aufhebt (ergibt 1). Die Division kommt daher zustande, dass ein G im Nenner des Bruches steht. Du erhältst die Gleichung **p% · G = P · 100**.	$p\% \cdot G = \frac{P}{\not{G}} \cdot 100 \cdot \not{G}$ $p\% \cdot G = P \cdot 100$
3. Das P steht jetzt fast alleine, nur das **· 100 stört noch**. Da das · 100 mit dem P durch eine Multiplikation verbunden ist, musst du beide Seiten **durch 100 dividieren**.	$p\% \cdot G = P \cdot 100 \qquad \vert : 100$ $\frac{p\% \cdot G}{100} = \frac{P \cdot 100}{100}$
4. Auf der rechten Seite steht die Rechnung 100 : 100 ($\frac{100}{100}$), die sich aufhebt (ergibt 1). Die Division kommt durch den Bruch zustande. Das P steht nun alleine.	$\frac{p\% \cdot G}{100} = \frac{P \cdot \cancel{100}}{\cancel{100}}$ $\frac{p\% \cdot G}{100} = P$
5. Du kannst die Formel umdrehen, so dass das P auf der linken Seite steht.	$P = \frac{p\% \cdot G}{100}$

Du erhältst die umgestellte Formel, mit der du aus dem Grundwert G und dem Prozentsatz p% schnell und einfach den **Prozentwert P** berechnen kannst:

$$P = \frac{p\% \cdot G}{100}$$

So berechnest du den Prozentwert P	So sieht es aus
Du sollst den Prozentwert P bestimmen.	$G = 100 \; ; \quad p\% = 15\%$
1. Diese Formel benötigst du:	$P = \frac{p\% \cdot G}{100}$
2. Setze die Werte in die Formel ein. Der Prozentsatz p% beträgt **15 %** und der Grundwert G beträgt **100**.	$P = \frac{p\% \cdot G}{100}$ $P = \frac{15\% \cdot 100}{100}$

So berechnest du den Prozentwert P	So sieht es aus
3. Berechne zuerst die Multiplikation im Zähler: 15 % · 100 = 1.500 %.	$P = \dfrac{15\% \cdot 100}{100}$ $P = \dfrac{1500\%}{100}$
4. Übrig bleibt ein Bruch. Berechne ihn zum Schluss: 1.500 % : 100 = 15. Durch die Division mit 100 löst sich das Prozentzeichen auf.	$P = \dfrac{1500\%}{100}$ $P = 15$
5. Der Prozentwert P lautet 15.	$P = 15$

Der Grundwert G, die Ausgangsgröße, beträgt 100. Der Prozentsatz p% beträgt 15 %. Das bedeutet, du hast von einem Streifen Papier mit einer Länge von 100 Millimeter (10 Zentimeter) 15 % der gesamten Länge türkis angemalt. Die gesamte Länge des Papierstreifens entspricht dem Grundwert G, der angemalte Anteil entspricht dem Prozentsatz p%. Wenn du nun den Prozentsatz mit 100 multiplizierst und durch den Grundwert teilst, so stellen diese 15 % genau 15 Millimeter des gesamten Papierstreifens dar. Diese zweite Länge wird Prozentwert P genannt. Du hast daher 15 Millimeter angemalt.

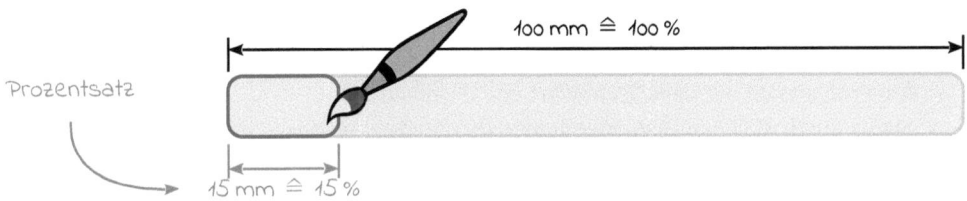

Nun muss der Grundwert G nicht immer genau 100 betragen. Er kann jede beliebige Zahl sein, z. B. 15 oder 506. Wichtig ist dabei nur, dass du den Grundwert immer in 100 gleichgroße Stücke teilst. So kannst du schnell die Aufgabe von vorhin lösen: Von 250 Brötchen sind 64 % Laugenbrötchen. Wie viele Brötchen sind dies?

Zu Beginn musst du die Werte für den Grundwert und Prozentsatz bestimmen. Dies ist hierbei besonders einfach: Der Wert, der das Prozentzeichen besitzt, ist der Prozentsatz p% (p% = 64 %). Der verbleibende Wert ist der Grundwert (G = 250). Multipliziere zuerst den Prozentsatz p% mit dem Grundwert G: 64 % · 250 = 16.000 %. Da die 64 eigentlich eine Prozentzahl ist, musst du dein Ergebnis durch 100 dividieren, um es in eine Dezimalzahl umzuwandeln: 16.000 % : 100 = 160. Es sind 160 Laugenbrötchen.

So berechnest du den Prozentwert P	So sieht es aus
Du sollst den Prozentwert P bestimmen.	$G = 250$; $p\% = 64\%$
1. Diese Formel benötigst du:	$P = \dfrac{p\% \cdot G}{100}$
2. Setze die Werte in die Formel ein. Der Prozentsatz p% beträgt **64 %** und der Grundwert G beträgt **250**.	$P = \dfrac{p\% \cdot G}{100}$ $P = \dfrac{64\% \cdot 250}{100}$
3. Berechne zuerst die Multiplikation im Zähler: **64 % · 250 = 16.000 %.**	$P = \dfrac{64\% \cdot 250}{100}$ $P = \dfrac{16000\%}{100}$
4. Übrig bleibt ein Bruch. Berechne ihn zum Schluss: **16.000 % : 100 = 160.** Durch die Division mit 100 löst sich das Prozentzeichen auf.	$P = \dfrac{16000\%}{100}$ $P = 160$
5. Der Prozentwert P lautet **160**.	$P = 160$

Der Prozentwert P stellt den absoluten Anteil am Grundwert G als Zahl dar. Um ihn zu bestimmen, multiplizierst du den Prozentsatz mit dem Grundwert und dividierst das Ergebnis durch 100, um es wieder in eine Dezimalzahl umzuwandeln.

4.4. Der verminderte Grundwert

Eingangs fragte ich dich, ob du schon in den wöchentlich erscheinenden Angebotsblättern von namhaften Supermarkt- ketten gesehen hast, dass bestimmte Artikel des Sortiments beispielsweise um 28 % reduziert sind. Was bedeutet das?

Beim verminderten Grundwert wird der Grundwert vermindert. Das bedeutet, der ursprüngliche Grundwert wird um einen Prozentsatz verkleinert. Er wird dabei nicht um eine absolute Zahl, wie 15 oder 506, verringert, sondern um einen prozentualen Anteil am Grundwert, der wie immer 100 % darstellt.

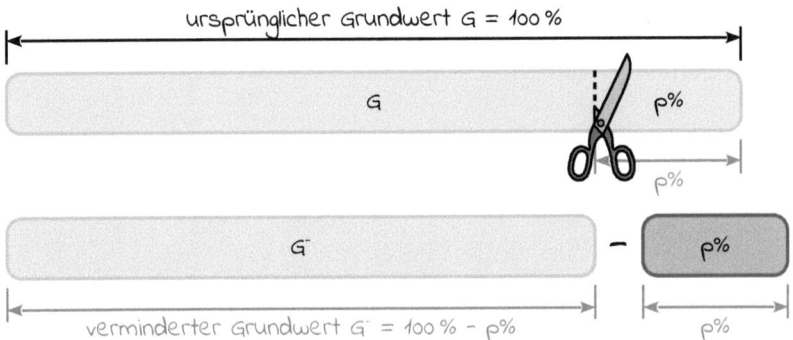

Der Grundwert ist wieder der Ausgangswert oder die Ausgangsgröße. Abgekürzt wird dieser Wert mit dem Großbuchstaben G. Er entspricht der vollen Grundgröße (100 %), wie du es bisher von der Prozentrechnung gewohnt bist. Auf diesen Grundwert bezieht sich ein Prozentsatz, der mit p% abgekürzt wird. Dieser Prozentsatz wird vom Grund- wert abgezogen, der Grundwert verringert sich und wird kleiner. Der neue Grundwert beträgt dann weniger als 100 %. Das Schema der Rechnung entspricht 100 % – p%.

Bei der Berechnung des neuen Grundwertes gehst du folgendermaßen vor: Zuerst wandelst du den Prozentsatz (die Prozentzahl) in eine Dezimalzahl um. Dazu dividierst du sie durch 100. Dies machst du am Besten mit einem Bruch. Oben im Zähler steht der Prozentsatz und unten im Nenner steht 100. Das Prozentzeichen fällt weg und das Ergebnis ist kleiner als 1.

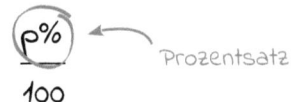

Dieses Ergebnis ziehst du anschließend von 1 ab. Diese 1 ist der als Dezimalzahl dargestellte bisherige Grundwert (100 %). Somit erhältst du wieder eine Dezimalzahl, die kleiner als 1 ist. Du hast jetzt **weniger** als vorhin. Diese zweite Dezimalzahl stellt den verbleibenden Anteil des Grundwertes dar.

$$\left(1 - \frac{p\%}{100}\right)$$

es ist nachher weniger als 100%

Um den neuen Grundwert zu berechnen, multiplizierst du den ursprünglichen Grundwert einfach mit dieser Zahl. Damit du die beiden Grundwerte unterscheiden kannst, wird der verminderte Grundwert mit einem hochgestellten Minuszeichen versehen: G^-. Damit lautet die Formel für den **verminderten Grundwert**:

$$G^- = G \cdot \left(1 - \frac{p\%}{100}\right)$$

So berechnest du den verminderten Grundwert G⁻	So sieht es aus
Du sollst den Grundwert G^- bestimmen.	$G = 100$; $p\% = 15\%$
1. Diese Formel benötigst du:	$G^- = G \cdot \left(1 - \frac{p\%}{100}\right)$
2. Setze die Werte in die Formel ein. Der Grundwert G beträgt **100** und der Prozentsatz p% beträgt **15 %**.	$G^- = G \cdot \left(1 - \frac{p\%}{100}\right)$ $G^- = 100 \cdot \left(1 - \frac{15\%}{100}\right)$
3. Berechne den Bruch: **15 % : 100 = 0,15**. Durch die Division mit 100 löst sich das Prozentzeichen auf.	$G^- = 100 \cdot \left(1 - \frac{15\%}{100}\right)$ $G^- = 100 \cdot (1 - 0,15)$
4. Berechne nun die Klammer: **1 − 0,15 = 0,85**.	$G^- = 100 \cdot (1 - 0,15)$ $G^- = 100 \cdot 0,85$

So berechnest du den verminderten Grundwert G⁻	So sieht es aus
5. Übrig bleibt eine Multiplikation. Berechne sie zum Schluss: **100 · 0,85 = 85**.	$G⁻ = 100 · 0,85$ $G⁻ = 85$
6. Der verminderte Grundwert G⁻ lautet **85**.	$G⁻ = 85$

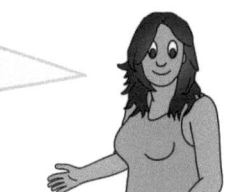

Der verminderte Grundwert G⁻ entsteht, wenn von einem Grundwert G ein prozentualer Anteil p% abgezogen wird. Der verminderte Grundwert entspricht dann weniger als 100 %.

Nun hast du gelernt, wie du den verminderten Grundwert anwendest. Jetzt werden wir es an einer Aufgabe üben. Um bei dem Beispiel mit der Preisreduzierung zu bleiben: Eine Ananas kostet beim Obsthändler regulär 1,79 €. Im Angebot wird der Preis der Ananas um 28 % reduziert. Was bedeutet das?

In diesem Fall hast du den Grundwert G gegeben, das ist der ursprüngliche Preis. Und der Preisnachlass ist der Prozentsatz p%, erkennbar an dem Prozentzeichen.

Der Grundwert G ist der ursprüngliche Preis (1,79 €), er entspricht der vollen Grund-größe (100 %). Bei der Berechnung des neuen Preises gehst du folgendermaßen vor: Zuerst wandelst du den Prozentsatz p% in eine Dezimalzahl um. Dazu dividierst du 28 % durch 100. Das Prozentzeichen fällt weg und du erhältst 0,28.

Diese 0,28 ziehst du anschließend von 1 ab (1 − 0,28 = 0,72). Diese 1 ist der als Dezi-malzahl dargestellte Grundwert (100 %). Somit erhältst du den verbleibenden Anteil von 0,72 des Grundwertes. Um den neuen Grundwert bzw. den neuen Preis zu berechnen, multiplizierst du den ursprünglichen Preis (1,79 €) mit 0,72 (1,79 € · 0,72 = 1,29 €). Somit hast du den verminderten Grundwert bzw. den neuen reduzierten Preis errechnet. Die Ananas kostet im Angebot nur noch 1,29 €.

Nachfolgend siehst du ausführlich die Rechnung:

So berechnest du den verminderten Grundwert G⁻	So sieht es aus
Du sollst den Grundwert G⁻ bestimmen.	$G=1,79€$; $p\%=28\%$
1. Diese Formel benötigst du:	$G^-=G\cdot(1-\dfrac{p\%}{100})$
2. Setze die Werte in die Formel ein. Der Grundwert G beträgt **1,79 €** und der Prozentsatz p% beträgt **28 %**.	$G^-=G\cdot(1-\dfrac{p\%}{100})$ $G^-=1,79€\cdot(1-\dfrac{28\%}{100})$
3. Berechne den Bruch: **28 % : 100 = 0,28**. Durch die Division mit 100 löst sich das Prozentzeichen auf.	$G^-=1,79€\cdot(1-\dfrac{28\%}{100})$ $G^-=1,79€\cdot(1-0,28)$
4. Berechne nun die Klammer: **1 − 0,28 = 0,72**.	$G^-=1,79€\cdot(1-0,28)$ $G^-=1,79€\cdot0,72$
5. Übrig bleibt eine Multiplikation. Berechne sie zum Schluss: **1,79 € · 0,72 = 1,29 €**.	$G^-=1,79€\cdot0,72$ $G^-=1,29€$
6. Der verminderte Grundwert G⁻ lautet **1,29 €**.	$G^-=1,29€$

Nun kannst du einen gegebenen Grundwert G mit einem gegebenen Prozentsatz p% vermindern. Es ist aber auch umgekehrt möglich, den ursprünglichen Grundwert G aus einem gegebenen verminderten Grundwert G⁻ und einem gegebenen Prozentsatz p% zu berechnen. Dazu musst du die Formel entsprechend umstellen. Wie du dabei vorgehst, zeige ich dir nun Schritt für Schritt:

So berechnest du den Grundwert G	So sieht es aus
Diese Formel musst du nun umstellen, damit du den Grundwert G berechnen kannst:	$G^- = G \cdot \left(1 - \dfrac{p\%}{100}\right)$
1. Damit das G alleine steht, muss die komplette Klammer auf die andere Seite. Dividiere beide Seiten durch $\left(1 - \frac{p\%}{100}\right)$.	$G^- = G \cdot \left(1 - \dfrac{p\%}{100}\right) \qquad \bigg\| : \left(1 - \dfrac{p\%}{100}\right)$ $\dfrac{G^-}{\left(1 - \dfrac{p\%}{100}\right)} = \dfrac{G \cdot \left(1 - \dfrac{p\%}{100}\right)}{\left(1 - \dfrac{p\%}{100}\right)}$
2. Auf der rechten Seite steht die Rechnung $\left(1 - \frac{p\%}{100}\right) : \left(1 - \frac{p\%}{100}\right) \left(\frac{\left(1-\frac{p\%}{100}\right)}{\left(1-\frac{p\%}{100}\right)}\right)$, die sich aufhebt (ergibt 1). Die Division kommt durch den Bruch zustande. Übrig bleibt auf der rechten Seite nur noch das G.	$\dfrac{G^-}{\left(1 - \dfrac{p\%}{100}\right)} = \dfrac{G \cdot \left(1 - \dfrac{\cancel{p\%}}{\cancel{100}}\right)}{\left(1 - \dfrac{\cancel{p\%}}{\cancel{100}}\right)}$ $\dfrac{G^-}{\left(1 - \dfrac{p\%}{100}\right)} = G$
3. Drehe die beiden Seiten um und fertig ist die umgestellte Formel.	$G = \dfrac{G^-}{\left(1 - \dfrac{p\%}{100}\right)}$

Als Beispiel nehmen wir die Ananas, die es für kurze Zeit für den reduzierten Preis von 1,29 € gibt. Gegeben sind der verminderte Grundwert G⁻ von 1,29 € und der Prozentsatz p% von 28 %, der den ursprünglichen Grundwert G verringert hat. Und diesen Grundwert (den ursprünglichen Preis) suchen wir jetzt.

Um ihn zu berechnen, setzt du die Werte in die umgestellte Formel ein. Der verminderte Grundwert G^- beträgt 1,29 € und der Prozentsatz p% beträgt 28 %. Berechne zuerst den kleinen Bruch: Dividiere dazu 28 % : 100 = 0,28. Anschließend löst du die Klammer auf, in dem du das Ergebnis von 1 abziehst: 1 − 0,28 = 0,72. Zum Schluss dividierst du den verminderten Grundwert durch die 0,72 (1,29 € : 0,72 = 1,79 €). Der ursprüngliche Grundwert G bzw. der ursprüngliche Preis lautet 1,79 €.

So berechnest du den Grundwert G	So sieht es aus
Du sollst den Grundwert G bestimmen.	$G^- = 1{,}29€ ;\quad p\% = 28\%$
1. Diese Formel benötigst du:	$G = \dfrac{G^-}{\left(1 - \dfrac{p\%}{100}\right)}$
2. Setze die Werte in die Formel ein. Der verminderte Grundwert G^- beträgt **1,29 €** und der Prozentsatz p% beträgt **28 %**.	$G = \dfrac{G^-}{\left(1 - \dfrac{p\%}{100}\right)}$ $G = \dfrac{1{,}29€}{\left(1 - \dfrac{28\%}{100}\right)}$
3. Berechne zuerst den kleinen Bruch. Dividiere dazu 28 % : 100 = 0,28. Durch die Division mit 100 löst sich das Prozentzeichen auf.	$G = \dfrac{1{,}29€}{\left(1 - \dfrac{28\%}{100}\right)}$ $G = \dfrac{1{,}29€}{(1 - 0{,}28)}$
4. Berechne anschließend die Klammer im Nenner: 1 − 0,28 = 0,72.	$G = \dfrac{1{,}29€}{(1 - 0{,}28)}$ $G = \dfrac{1{,}29€}{0{,}72}$
5. Rechne zum Schluss noch den Bruch aus: 1,29 € : 0,72 = 1,79 €.	$G = \dfrac{1{,}29€}{0{,}72}$ $G = 1{,}79€$
6. Der ursprüngliche Grundwert G lautet **1,79 €**.	$G = 1{,}79€$

Der Grundwert G ist die Ausgangsgröße des verminderten Grundwertes. Um ihn zu bestimmen, wandelst du den Prozentsatz in eine Dezimalzahl um und ziehst ihn von 1 ab. Anschließend dividierst du den verminderten Grundwert durch dieses Ergebnis.

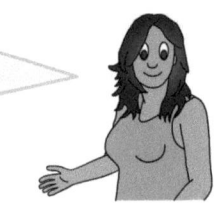

Aber auch die Berechnung des Prozentsatzes p% ist möglich. Dazu benötigst du den ursprünglichen Grundwert G und den verminderten Grundwert G⁻. Vorher musst du allerdings die Formel für den verminderten Grundwert entsprechend umstellen. Wie du dabei vorgehst, zeige ich dir nun Schritt für Schritt:

So berechnest du den Prozentsatz p%	So sieht es aus
Die Formel musst du umstellen, damit du den Prozentsatz p% berechnen kannst.	$G^- = G \cdot \left(1 - \dfrac{p\%}{100}\right)$
1. Damit das p% alleine steht, muss zuerst der Grundwert G auf die andere Seite. Dividiere beide Seiten durch **G**.	$G^- = G \cdot \left(1 - \dfrac{p\%}{100}\right) \qquad \vert : G$ $\dfrac{G^-}{G} = \dfrac{G \cdot \left(1 - \dfrac{p\%}{100}\right)}{G}$
2. Auf der rechten Seite steht die Rechnung $G : G \left(\frac{G}{G}\right)$, die sich aufhebt (ergibt 1). Die Division kommt daher zustande, dass ein G im Nenner des Bruches steht. Übrig bleibt nur noch $1 - \frac{p\%}{100}$, da du die Klammer auch weglassen kannst.	$\dfrac{G^-}{G} = \dfrac{\cancel{G} \cdot \left(1 - \dfrac{p\%}{100}\right)}{\cancel{G}}$ $\dfrac{G^-}{G} = 1 - \dfrac{p\%}{100}$
3. Damit das p% alleine steht, muss noch die 1 davor auf die andere Seite. Subtrahiere dazu beide Seiten mit **1**.	$\dfrac{G^-}{G} = 1 - \dfrac{p\%}{100} \qquad \vert - 1$ $\dfrac{G^-}{G} - 1 = 1 - \dfrac{p\%}{100} - 1$
4. Auf der rechten Seite steht die Rechnung **1 − 1**, das ergibt **0**, damit verbleibt rechts nur noch $-\frac{p\%}{100}$.	$\dfrac{G^-}{G} - 1 = \cancel{1} - \dfrac{p\%}{100} \cancel{-1}$ $\dfrac{G^-}{G} - 1 = -\dfrac{p\%}{100}$

So berechnest du den Prozentsatz p%	So sieht es aus
5. Damit das p% alleine steht, muss zum Schluss die 100 und das Minus auf die andere Seite. Multipliziere dazu beide Seiten mit **–100**. Setze zuvor um die linke Seite eine Klammer.	$\dfrac{G^-}{G} - 1 = -\dfrac{p\%}{100}$ $\qquad \vert \cdot (-100)$ $\left(\dfrac{G^-}{G} - 1\right) \cdot (-100) = -\dfrac{p\%}{100} \cdot (-100)$
6. Auf der rechten Seite steht die Rechnung (–100) : (–100) $\left(\dfrac{-100}{-100}\right)$, die sich aufhebt (ergibt 1). Die Division kommt durch den Bruch zustande. Übrig bleibt nur noch **p%**.	$\left(\dfrac{G^-}{G} - 1\right) \cdot (-100) = -\dfrac{p\%}{\cancel{100}} \cdot \cancel{(-100)}$ $\left(\dfrac{G^-}{G} - 1\right) \cdot (-100) = p\%$
7. Drehe die beiden Seiten um und fertig ist die umgestellte Formel.	$p\% = \left(\dfrac{G^-}{G} - 1\right) \cdot (-100)$

Als Beispiel nehmen wir wieder die Ananas, die es für kurze Zeit für den reduzierten Preis von 1,29 € gibt. Gegeben sind der verminderte Grundwert G⁻ von 1,29 € und der ursprüngliche Grundwert von 1,79 €. Wir suchen nun den Prozentsatz p%, der den ursprünglichen Grundwert vermindert hat.

Um ihn zu berechnen, setzt du die Werte in die umgestellte Formel ein. Der verminderte Grundwert G⁻ beträgt 1,29 € und der ursprüngliche Grundwert G beträgt 1,79 €. Zuerst berechnest du den Bruch. Dividiere dazu 1,29 € : 1,79 € = 0,72. Löse anschließend die Klammer auf: 0,72 − 1 = −0,28 und zum Schluss berechnest du noch die Multiplikation: −0,28 · (−100) = 28. Durch die Multiplikation 100 erhältst du eine Prozentzahl, daher hängst du das Prozentzeichen hinten an: 28 %. Der Prozentsatz, der den Grundwert G vermindert hat, lautet 28 %.

So berechnest du den Prozentsatz p%	So sieht es aus
Du sollst den Prozentsatz p% bestimmen.	$G^- = 1{,}29 €$; $G = 1{,}79 €$
1. Diese Formel benötigst du:	$p\% = (\frac{G^-}{G} - 1) \cdot (-100)$
2. Setze die Werte in die Formel ein. Der verminderte Grundwert G^- beträgt **1,29 €** und der ursprüngliche Grundwert **G** beträgt **1,79 €**.	$p\% = (\frac{G^-}{G} - 1) \cdot (-100)$ $p\% = (\frac{1{,}29 €}{1{,}79 €} - 1) \cdot (-100)$
3. Berechne zuerst den Bruch. Dividiere dazu **1,29 € : 1,79 € = 0,72**. Das Eurozeichen kürzt sich dabei weg, du erhältst eine Dezimalzahl.	$p\% = (\frac{1{,}29 €}{1{,}79 €} - 1) \cdot (-100)$ $p\% = (0{,}72 - 1) \cdot (-100)$
4. Berechne anschließend die Klammer: **0,72 – 1 = –0,28**.	$p\% = (0{,}72 - 1) \cdot (-100)$ $p\% = -0{,}28 \cdot (-100)$
5. Rechne zum Schluss noch die Multiplikation aus: **–0,28 · (–100) = 28 %**. Durch die Multiplikation mit –100 erhältst du eine positive Prozentzahl.	$p\% = -0{,}28 \cdot (-100)$ $p\% = 28\%$
6. Der Prozentsatz, der den Grundwert G vermindert hat, lautet **28 %**.	$p\% = 28\%$

Der Prozentsatz p% ist das Verhältnis, das den Grundwert G vermindert. Um ihn zu bestimmen, dividierst du den verminderten Grundwert G⁻ durch den ursprünglichen Grundwert G. Anschließend ziehst du von diesem Ergebnis 1 ab und wandelst es durch die Multiplikation mit –100 in eine Prozentzahl um.

4.5. Der vermehrte Grundwert

Du hast bestimmt schon in den wöchentlich erscheinenden Ange- botsblättern von namhaften Supermarktketten gesehen, dass be- stimmte Artikel des Sortiments beispielsweise 20 % mehr Inhalt haben. Was bedeutet das?

Beim vermehrten Grundwert wird der **Grundwert vermehrt**. Das bedeutet, der ur- sprüngliche Grundwert wird um einen Prozentsatz **vergrößert**. Er wird dabei nicht um eine absolute Zahl, wie 15 oder 506, vergrößert, sondern um einen prozentualen Anteil am Grundwert, der wie immer 100 % darstellt.

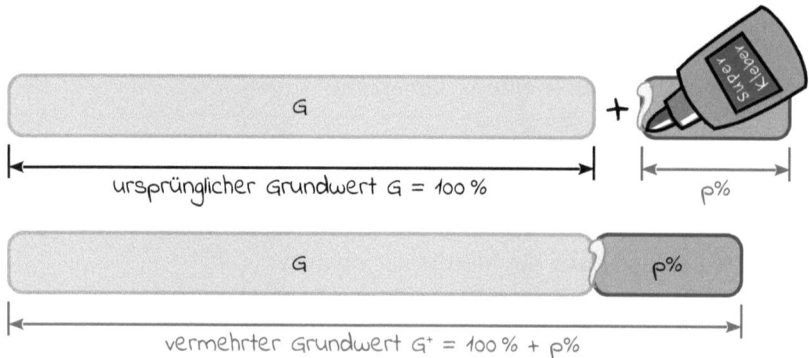

Der Grundwert ist wieder der Ausgangswert oder die Ausgangsgröße. Abgekürzt wird dieser Wert mit dem Großbuchstaben G. Er entspricht der vollen Grundgröße (100 %), wie du es bisher von der Prozentrechnung gewohnt bist. Auf diesen Grundwert bezieht sich ein Prozentsatz, der mit p% abgekürzt wird. Dieser Prozentsatz wird zum Grund- wert **hinzugezählt**, der Grundwert vermehrt sich und wird größer. Der neue Grund- wert beträgt dann mehr als 100 %. Das Schema der Rechnung entspricht 100 % + p%.

Bei der Berechnung des neuen Grundwertes gehst du folgendermaßen vor: Zuerst wandelst du den Prozentsatz (die Prozentzahl) in eine Dezimalzahl um. Dazu dividierst du sie durch 100. Dies machst du am Besten mit einem Bruch. Oben im Zähler steht der Prozentsatz und unten im Nenner steht 100. Das Prozentzeichen fällt weg und das Ergebnis ist kleiner als 1.

mathetreff-online

Dieses Ergebnis addierst du anschließend zu 1 hinzu. Diese 1 ist der als Dezimalzahl dargestellte Grundwert (100 %). Somit erhältst du wieder eine Dezimalzahl, die dieses Mal größer als 1 ist. Du hast jetzt mehr als vorhin. Diese zweite Dezimalzahl stellt den neuen Anteil des Grundwertes dar.

es ist nachher
mehr als 100%
$$(1 + \frac{p\%}{100})$$

Um den neuen Grundwert zu berechnen, multiplizierst du den ursprünglichen Grundwert G einfach mit dieser Zahl. Damit du die beiden Grundwerte unterscheiden kannst, wird der vermehrte Grundwert mit einem hochgestellten Pluszeichen versehen: G^+. Damit lautet die Formel für den **vermehrten Grundwert**:

$$G^+ = G \cdot (1 + \frac{p\%}{100})$$

So berechnest du den vermehrten Grundwert G^+	So sieht es aus
Du sollst den Grundwert G^+ bestimmen.	$G = 100$; $p\% = 15\%$
1. Diese Formel benötigst du:	$G^+ = G \cdot (1 + \frac{p\%}{100})$
2. Setze die Werte in die Formel ein. Der Grundwert G beträgt **100** und der Prozentsatz p% beträgt **15 %**.	$G^+ = G \cdot (1 + \frac{p\%}{100})$ $G^+ = 100 \cdot (1 + \frac{15\%}{100})$
3. Berechne den Bruch: **15 % : 100 = 0,15**. Durch die Division mit 100 löst sich das Prozentzeichen auf.	$G^+ = 100 \cdot (1 + \frac{15\%}{100})$ $G^+ = 100 \cdot (1 + 0,15)$
4. Berechne nun die Klammer: **1 + 0,15 = 1,15**.	$G^+ = 100 \cdot (1 + 0,15)$ $G^+ = 100 \cdot 1,15$

So berechnest du den vermehrten Grundwert G⁺	So sieht es aus
5. Übrig bleibt eine Multiplikation. Berechne sie zum Schluss: **100 · 1,15 = 115**.	$G^+ = 100 \cdot 1,15$ $G^+ = 115$
6. Der vermehrte Grundwert G⁺ lautet **115**.	$G^+ = 115$

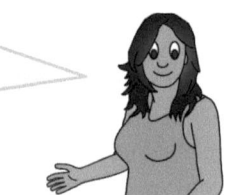

Der vermehrte Grundwert G⁺ entsteht, wenn zu einem Grundwert G ein prozentualer Anteil p% aufgeschlagen wird. Der vermehrte Grundwert entspricht dann mehr als 100 %.

Nun hast du gelernt, wie du den vermehrten Grundwert anwendest. Jetzt werden wir es an einer Aufgabe üben. Um bei dem Beispiel mit dem zusätzlichen Inhalt zu bleiben: Eine Tafel Schokolade wiegt regulär 100 g. Im Angebot wird das Gewicht der Tafel um 20 % erhöht. Was bedeutet das?

In diesem Fall hast du den Grundwert G gegeben, das ist beispielsweise das ursprüngliche Gewicht. Und die Gewichtserhöhung ist der Prozentsatz p%, erkennbar an dem Prozentzeichen.

Der Grundwert G ist das ursprüngliche Gewicht (100 g), er entspricht der vollen Grundgröße (100 %). Bei der Berechnung des neuen Gewichtes gehst du folgenderma-ßen vor: Zuerst wandelst du den Prozentsatz p% in eine Dezimalzahl um. Dazu divi-dierst du 20 % durch 100. Das Prozentzeichen fällt weg und du erhältst 0,2.

Diese 0,2 addierst du anschließend zu 1 hinzu (1 + 0,2 = 1,2). Diese 1 ist der als Dezi-malzahl dargestellte Grundwert (100 %). Somit erhältst du den neuen Anteil von 1,2 des Grundwertes. Um den neuen Grundwert bzw. das neue Gewicht zu berechnen, multiplizierst du das alte Gewicht (100 g) mit 1,2 (100 g · 1,2 = 120 g). Somit hast du nun den vermehrten Grundwert bzw. das neue Gewicht errechnet. Die Tafel Schokolade wiegt im Angebot vorübergehend 120 g.

Nachfolgend siehst du ausführlich die Rechnung:

So berechnest du den vermehrten Grundwert G⁺	So sieht es aus
Du sollst den Grundwert G^+ bestimmen.	$G=100g; \quad p\%=20\%$
1. Diese Formel benötigst du:	$G^+=G \cdot (1+\frac{p\%}{100})$
2. Setze die Werte in die Formel ein. Der Grundwert G beträgt 100 g und der Prozentsatz p% beträgt 20 %.	$G^+=G \cdot (1+\frac{p\%}{100})$ $G^+=100g \cdot (1+\frac{20\%}{100})$
3. Berechne den Bruch: 20 % : 100 = 0,2. Durch die Division mit 100 löst sich das Prozentzeichen auf.	$G^+=100g \cdot (1+\frac{20\%}{100})$ $G^+=100g \cdot (1+0,2)$
4. Berechne nun die Klammer: 1 + 0,2 = 1,2.	$G^+=100g \cdot (1+0,2)$ $G^+=100g \cdot 1,2$
5. Übrig bleibt eine Multiplikation. Berechne sie zum Schluss: 100 g · 1,2 = 120 g.	$G^+=100g \cdot 1,2$ $G^+=120g$
6. Der vermehrte Grundwert G^+ lautet 120 g.	$G^+=120g$

Nun kannst du einen gegebenen Grundwert G mit einem gegebenen Prozentsatz p% vermehren. Es ist aber auch umgekehrt möglich, den ursprünglichen Grundwert G aus einem gegebenen vermehrten Grundwert G^+ und einem gegebenen Prozentsatz p% zu berechnen. Dazu musst du die Formel entsprechend umstellen. Wie du dabei vorgehst, zeige ich dir nun Schritt für Schritt:

So berechnest du den Grundwert G	So sieht es aus
Diese Formel musst du nun umstellen, damit du den Grundwert G berechnen kannst.	$G^+ = G \cdot \left(1 + \dfrac{p\%}{100}\right)$
1. Damit das G alleine steht, muss die komplette Klammer auf die andere Seite. Dividiere beide Seiten durch $\left(1 + \frac{p\%}{100}\right)$.	$G^+ = G \cdot \left(1 + \dfrac{p\%}{100}\right) \qquad \mid : \left(1 + \dfrac{p\%}{100}\right)$ $\dfrac{G^+}{\left(1 + \frac{p\%}{100}\right)} = \dfrac{G \cdot \left(1 + \frac{p\%}{100}\right)}{\left(1 + \frac{p\%}{100}\right)}$
2. Auf der rechten Seite steht die Rechnung $\left(1 + \frac{p\%}{100}\right) : \left(1 + \frac{p\%}{100}\right)$ $\left(\frac{(1+\frac{p\%}{100})}{(1+\frac{p\%}{100})}\right)$, die sich aufhebt (ergibt 1). Die Division kommt durch den Bruch zustande. Übrig bleibt nur noch das G.	$\dfrac{G^+}{\left(1 + \frac{p\%}{100}\right)} = \dfrac{G \cdot \cancel{\left(1 + \frac{p\%}{100}\right)}}{\cancel{\left(1 + \frac{p\%}{100}\right)}}$ $\dfrac{G^+}{\left(1 + \frac{p\%}{100}\right)} = G$
3. Drehe die beiden Seiten um und fertig ist die umgestellte Formel.	$G = \dfrac{G^+}{\left(1 + \frac{p\%}{100}\right)}$

Als Beispiel nehmen wir die Tafel Schokolade, die es für kurze Zeit mit 120 g Inhalt gibt. Gegeben ist der vermehrte Grundwert G^+ von 120 g und der Prozentsatz p% von 20 %, der den ursprünglichen Grundwert G erhöht hat. Und diesen Grundwert (das ursprüngliche Gewicht) suchen wir jetzt.

Um ihn zu berechnen, setzt du die Werte in die umgestellte Formel ein. Der vermehrte Grundwert G^+ beträgt 120 g und der Prozentsatz p% beträgt 20 %. Berechne zuerst den kleinen Bruch: Dividiere dazu 20 % : 100 = 0,2. Anschließend löst du die Klammer auf, in dem du 1 hinzu addierst: (1 + 0,2) = 1,2. Zum Schluss dividierst du den vermehrten Grundwert durch 1,2 (120 g : 1,2 = 100 g). Der ursprüngliche Grundwert G lautet 100 g.

So berechnest du den Grundwert G	So sieht es aus
Du sollst den Grundwert G bestimmen.	$G^+=120$; $p\%=20\%$
1. Diese Formel benötigst du:	$G=\dfrac{G^+}{\left(1+\dfrac{p\%}{100}\right)}$
2. Setze die Werte in die Formel ein. Der vermehrte Grundwert G^+ beträgt 120 g und der Prozentsatz p% beträgt 20 %.	$G=\dfrac{G^+}{\left(1+\dfrac{p\%}{100}\right)}$ $G=\dfrac{120\,g}{\left(1+\dfrac{20\%}{100}\right)}$
3. Berechne zuerst den kleinen Bruch. Dividiere dazu 20 % : 100 = 0,2. Durch die Division mit 100 löst sich das Prozentzeichen auf.	$G=\dfrac{120\,g}{\left(1+\dfrac{20\%}{100}\right)}$ $G=\dfrac{120\,g}{(1+0,2)}$
4. Berechne anschließend die Klammer im Nenner: 1 + 0,2 = 1,2.	$G=\dfrac{120\,g}{(1+0,2)}$ $G=\dfrac{120\,g}{1,2}$
5. Rechne zum Schluss noch den Bruch aus: 120 g : 1,2 = 100 g.	$G=\dfrac{120\,g}{1,2}$ $G=100\,g$
6. Der ursprüngliche Grundwert G lautet 100 g.	$G=100\,g$

Der Grundwert G ist die Ausgangsgröße des vermehrten Grundwertes. Um ihn zu bestimmen, wandelst du den Prozentsatz in eine Dezimalzahl um und addierst ihn zu 1 hinzu. Anschließend dividierst du den vermehren Grundwert durch dieses Ergebnis.

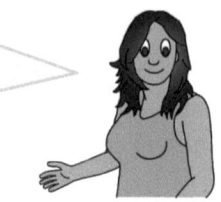

Aber auch die Berechnung des Prozentsatzes p% ist möglich. Dazu benötigst du den ursprünglichen Grundwert G und den vermehrten Grundwert G^+. Vorher musst du allerdings noch die Formel für den vermehrten Grundwert entsprechend umstellen. Wie du dabei vorgehst, zeige ich dir nun Schritt für Schritt:

So berechnest du den Prozentsatz p%	So sieht es aus
Die Formel musst du nun umstellen, damit du den Prozentsatz p% berechnen kannst.	$G^+ = G \cdot \left(1 + \dfrac{p\%}{100}\right)$
1. Damit das p% alleine steht, muss zuerst einmal der Grundwert G auf die andere Seite. Dividiere beide Seiten durch **G**.	$G^+ = G \cdot \left(1 + \dfrac{p\%}{100}\right) \qquad \mid : G$ $\dfrac{G^+}{G} = \dfrac{G \cdot \left(1 + \dfrac{p\%}{100}\right)}{G}$
2. Auf der rechten Seite steht die Rechnung **G : G** ($\frac{G}{G}$), die sich aufhebt (ergibt 1). Die Division kommt durch den Bruch zustande. Übrig bleibt nur noch $1 + \frac{p\%}{100}$, da du die Klammer auch weglassen kannst.	$\dfrac{G^+}{G} = \dfrac{\cancel{G} \cdot \left(1 + \dfrac{p\%}{100}\right)}{\cancel{G}}$ $\dfrac{G^+}{G} = 1 + \dfrac{p\%}{100}$
3. Damit das p% alleine steht, muss noch die 1 davor auf die andere Seite. Subtrahiere dazu beide Seiten mit **1**.	$\dfrac{G^+}{G} = 1 + \dfrac{p\%}{100} \qquad \mid -1$ $\dfrac{G^+}{G} - 1 = 1 + \dfrac{p\%}{100} - 1$
4. Auf der rechten Seite steht die Rechnung **1 – 1**, das ergibt **0**, damit verbleibt rechts nur noch $\frac{p\%}{100}$.	$\dfrac{G^+}{G} - 1 = \cancel{1} + \dfrac{p\%}{100} \cancel{-1}$ $\dfrac{G^+}{G} - 1 = \dfrac{p\%}{100}$

mathetreff-online

So berechnest du den Prozentsatz p%	So sieht es aus
5. Damit das p% alleine steht, muss zum Schluss die 100 auf die andere Seite. Multipliziere dazu beide Seiten mit 100. Setze zuvor um die linke Seite eine Klammer.	$\dfrac{G^+}{G} - 1 = \dfrac{p\%}{100}$ $\qquad \mid \cdot 100$ $\left(\dfrac{G^+}{G} - 1\right) \cdot 100 = \dfrac{p\%}{100} \cdot 100$
6. Auf der rechten Seite steht die Rechnung 100 : 100 ($\frac{100}{100}$), die sich aufhebt (ergibt 1). Die Division kommt durch den Bruch zustande. Übrig bleibt nur noch p%.	$\left(\dfrac{G^+}{G} - 1\right) \cdot 100 = \dfrac{p\%}{\cancel{100}} \cdot \cancel{100}$ $\left(\dfrac{G^+}{G} - 1\right) \cdot 100 = p\%$
7. Drehe die beiden Seiten um und fertig ist die um-gestellte Formel.	$p\% = \left(\dfrac{G^+}{G} - 1\right) \cdot 100$

Als Beispiel nehmen wir wieder die Tafel Schokolade, die es für kurze Zeit mit 120 g Inhalt gibt. Gegeben ist der vermehrte Grundwert G^+ von 120 g und der ursprüngliche Grundwert G von 100 g. Wir suchen nun den Prozentsatz p%, der den ursprünglichen Grundwert erhöht hat.

Um ihn zu berechnen, setzt du die Werte in die umgestellte Formel ein. Der vermehrte Grundwert G^+ beträgt 120 g und der ursprüngliche Grundwert G beträgt 100 g. Zuerst berechnest du den Bruch. Dividiere dazu 120 g : 100 g = 1,2. Anschließend löst du die Klammer auf: 1,2 − 1 = 0,2 und zum Schluss berechnest du noch die Multiplikation: 0,2 · 100 = 20. Durch die Multiplikation 100 erhältst du eine Prozentzahl, daher hängst du das Prozentzeichen hinten an: 20 %. Der Prozentsatz, der den Grundwert G erhöht hat, lautet 20 %.

So berechnest du den Prozentsatz p%	So sieht es aus
Du sollst den Prozentsatz p% bestimmen.	$G^+ = 120\,g$; $G = 100\,g$
1. Diese Formel benötigst du:	$p\% = \left(\dfrac{G^+}{G} - 1\right) \cdot 100$
2. Setze die Werte in die Formel ein. Der vermehrte Grundwert G^+ beträgt **120 g** und der ursprüngliche Grundwert G beträgt **100 g**.	$p\% = \left(\dfrac{G^+}{G} - 1\right) \cdot 100$ $p\% = \left(\dfrac{120\,g}{100\,g} - 1\right) \cdot 100$
3. Berechne zuerst den Bruch. Dividiere dazu **120 g : 100 g = 1,2.** Das Gramm kürzt sich dabei weg, du erhältst eine Dezimalzahl.	$p\% = \left(\dfrac{120\,g}{100\,g} - 1\right) \cdot 100$ $p\% = (1,2 - 1) \cdot 100$
4. Berechne anschließend die Klammer: **1,2 − 1 = 0,2.**	$p\% = (1,2 - 1) \cdot 100$ $p\% = 0,2 \cdot 100$
5. Rechne zum Schluss noch die Multiplikation aus: **0,2 · 100 = 20 %.** Durch die Multiplikation mit 100 erhältst du eine Prozentzahl.	$p\% = 0,2 \cdot 100$ $p\% = 20\%$
6. Der Prozentsatz, der den Grundwert G erhöht hat, lautet **20 %.**	$p\% = 20\%$

Der Prozentsatz p% ist das Verhältnis, das den Grundwert G vermehrt. Um ihn zu bestimmen, dividierst du den vermehrten Grundwert G^+ durch den ursprünglichen Grundwert G. Anschließend ziehst du von diesem Ergebnis 1 ab und wandelst es durch die Multiplikation mit −100 in eine Prozentzahl um.

4.6. Prozente über Prozente

Bislang hast du immer nur einen Prozentsatz dazugezählt oder abgezogen und so den Grundwert verändert. Es ist natürlich auch möglich, mehrere Prozentsätze hinzuzuzählen oder abzuziehen. Hierbei versteckt sich allerdings eine kleine Besonderheit, die du beachten musst: Es scheint verlockend zu sein, alle

Prozentsätze zusammenzufassen und als *ein* neuer Prozentsatz entsprechend hinzuzuzählen oder abzuziehen. Wird ein Preis einmal um 20 % und anschließend noch einmal um 10 % gesenkt, würde es sich doch anbieten, beide Prozentsätze zusammenzufassen und mit 30 % zu rechnen. Leider ist dies nicht möglich, da sich der zweite Prozentsatz auf den veränderten ersten Grundwert bezieht. Du musst daher mit jedem einzelnen Prozentsatz nacheinander rechnen.

> Du darfst mehrere Prozentsätze nicht zu einem neuen Prozentsatz zusammenfassen, sondern du musst mit jedem einzelnen Prozentsatz nacheinander rechnen.

Aber was heißt, mit jedem einzelnen Prozentsatz nacheinander rechnen? Im Prinzip musst du einfach nur zweimal die Prozentrechnung hintereinander anwenden. Dabei ist es von der Aufgabenstellung abhängig, ob du den Grundwert dabei zweimal vermindern oder vermehren oder sogar beides musst. Ich zeige dir nachfolgend, wie du den Grundwert zweimal verminderst.

Zuerst berechnest du den ersten verminderten Grundwert, indem du den gegebenen Grundwert entsprechend dem Prozentsatz (z. B. 20 %) verringerst. Dies kannst du mit der dir bereits bekannten Formel $G^- = G \cdot (1 - \frac{p\%}{100})$ einfach erledigen.

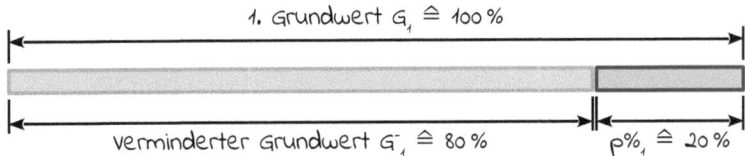

Der verminderte Grundwert G^-_1 beträgt nun 80 % im Verhältnis zum Grundwert G_1.

Anschließend berechnest du den zweiten verminderten Grundwert G^-_2, indem du den eben errechneten verminderten Grundwert G^-_1 als neuen Grundwert G_2 nimmst und ihn entsprechend dem zweiten Prozentsatz (z. B. 10 %) erneut verringerst. Das bedeutet, aus dem G^-_1 der ersten Prozentrechnung wird das G für die zweite Prozentrechnung. Er entspricht dann wieder den vollen 100 %, da du nun mathematisch gesehen eine neue Prozentrechnung vor dir hast. Wenn nach der ersten Prozentrechnung der verminderte Grundwert G^-_1 beispielsweise 80 % im Verhältnis zum ursprünglichen Grundwert G beträgt, dann entspricht dieser Wert in der zweiten Prozentrechnung wieder den vollen 100 %.

Folgende Abbildung verdeutlicht es:

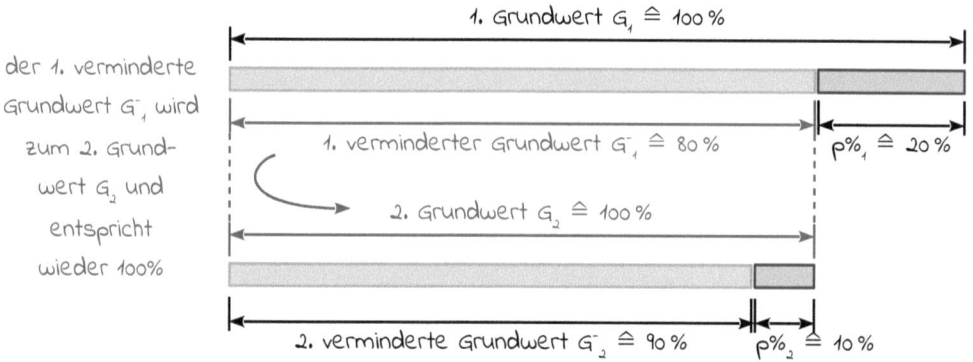

Der zweite verminderte Grundwert G^-_2 beträgt nun 90 % im Verhältnis zum Grundwert G_2.

So rechnest du mit mehreren Prozentsätzen	So sieht es aus
Du sollst den Grundwert G^-_2 bestimmen.	$G=100$; $p\%_1=20\%$; $p\%_2=10\%$
1. Diese Formel benötigst du:	$G^-=G\cdot(1-\dfrac{p\%}{100})$
2. Setze die Werte in die Formel ein. Der Grundwert G beträgt **100** und der Prozentsatz $p\%_1$ beträgt **20 %**.	$G^-_1=G\cdot(1-\dfrac{p\%_1}{100})$ $G^-_1=100\cdot(1-\dfrac{20\%}{100})$

So rechnest du mit mehreren Prozentsätzen	So sieht es aus
3. Berechne den Bruch: **20 % : 100 = 0,2**. Durch die Division mit 100 löst sich das Prozentzeichen auf.	$G^-_1 = 100 \cdot (1 - \frac{20\%}{100})$ $G^-_1 = 100 \cdot (1 - 0,2)$
4. Berechne nun die Klammer: **1 – 0,2 = 0,8**.	$G^-_1 = 100 \cdot (1 - 0,2)$ $G^-_1 = 100 \cdot 0,8$
5. Übrig bleibt eine Multiplikation. Berechne sie zum Schluss: **100 · 0,8 = 80**.	$G^-_1 = 100 \cdot 0,8$ $G^-_1 = 80$
6. Der 1. verminderte Grundwert G^-_1 lautet **80**.	$G^-_1 = 80$
7. Setze die Werte erneut in die Formel ein. Der Grundwert G^-_1 beträgt **80**, der Prozentsatz $p\%_2$ beträgt **10 %**.	$G^-_2 = G^-_1 \cdot (1 - \frac{p\%_2}{100})$ $G^-_2 = 80 \cdot (1 - \frac{10\%}{100})$
8. Berechne den Bruch: **10 % : 100 = 0,1**. Durch die Division mit 100 löst sich das Prozentzeichen auf.	$G^-_2 = 80 \cdot (1 - \frac{10\%}{100})$ $G^-_2 = 80 \cdot (1 - 0,1)$
9. Berechne nun die Klammer: **1 – 0,1 = 0,9**.	$G^-_2 = 80 \cdot (1 - 0,1)$ $G^-_2 = 80 \cdot 0,9$
10. Übrig bleibt eine Multiplikation. Berechne sie zum Schluss: **80 · 0,9 = 72**.	$G^-_2 = 80 \cdot 0,9$ $G^-_2 = 72$
11. Der 2. verminderte Grundwert G^-_2 lautet **72**.	$G^-_2 = 72$

Du siehst, der zweite verminderte Grundwert G^-_2 beträgt nach einer Senkung von 20 % und 10 % von ursprünglich 100 noch 72 und nicht wie vermutet 70, da du die beiden Prozentwerte nicht als 30 % zusammenfassen kannst.

Wenn du mehrere Prozentsätze hast, wendest du jeden einzelnen Prozentsatz nacheinander an und rechnest dann mit dem eben veränderten Grundwert weiter. Dieser entspricht beim nächsten Prozentsatz wieder den vollen 100%, auch wenn er vorhin verringert oder vermehrt wurde.

Nehmen wir als anschauliches Beispiel ein älteres Radiogerät, das ein Gebrauchtwarenhändler für 17 € anbietet. Nun steht es dort schon eine Zeit lang, sodass der Händler den Preis um 20 % senkt. Um den Preis noch attraktiver zu machen, senkt er den Preis um weitere 10 %. Was kostet das Radiogerät jetzt?

Bei dieser Rechnung hast du den Grundwert G gegeben, das ist der ursprüngliche Preis von 17 €. Die Preissenkungen von 20 % und 10 % sind die beiden Prozentsätze, erkennbar an dem Prozentzeichen. Gesucht ist der verminderte Grundwert G^-_2.

Bei der Berechnung des neuen Preises gehst du folgendermaßen vor: Der Grundwert G (17 €) entspricht der vollen Grundgröße (100 %). Zuerst wandelst du den Prozentsatz $p\%_1$ in eine Dezimalzahl um. Dazu dividierst du die 20 % durch 100. Das Prozentzeichen fällt weg und du erhältst 0,2. Diese 0,2 subtrahierst du anschließend von 1 (1 − 0,2 = 0,8) und erhältst den neuen Anteil von 0,8 des Grundwertes. Um den Preis nach der ersten Preissenkung zu berechnen, multiplizierst du den ursprünglichen Preis mit 0,8 (17 € · 0,8 = 13,60 €).

Mit der zweiten Preissenkung verfährst du genauso: Wandle den zweiten Prozentsatz in eine Dezimalzahl um: 10 % : 100 = 0,1. Diese 0,1 subtrahierst du wieder von 1 (1 − 0,1 = 0,9). Um den Preis nach der zweiten Preissenkung zu berechnen, multiplizierst du den gesenkten Preis mit 0,9 (13,60 € · 0,9 = 12,24 €). Der Preis nach der zweiten Preissenkung beträgt 12,24 €.

Nachfolgend siehst du ausführlich die Rechnung:

So rechnest du mit mehreren Prozentsätzen	So sieht es aus
Du sollst den Grundwert G^-_2 bestimmen.	$G = 17€$; $p\%_1 = 20\%$; $p\%_2 = 10\%$
1. Diese Formel benötigst du:	$G^- = G \cdot (1 - \dfrac{p\%}{100})$
2. Setze die Werte in die Formel ein. Der Grundwert G beträgt 17 € und der Prozentsatz $p\%_1$ beträgt 20 %.	$G^-_1 = G \cdot (1 - \dfrac{p\%_1}{100})$ $G^-_1 = 17€ \cdot (1 - \dfrac{20\%}{100})$
3. Berechne den Bruch: 20 % : 100 = 0,2. Durch die Division mit 100 löst sich das Prozentzeichen auf.	$G^-_1 = 17€ \cdot (1 - \dfrac{20\%}{100})$ $G^-_1 = 17€ \cdot (1 - 0,2)$
4. Berechne nun die Klammer: 1 – 0,2 = 0,8.	$G^-_1 = 17€ \cdot (1 - 0,2)$ $G^-_1 = 17€ \cdot 0,8$
5. Übrig bleibt eine Multiplikation. Berechne sie zum Schluss: 17 € · 0,8 = 13,60 €.	$G^-_1 = 17€ \cdot 0,8$ $G^-_1 = 13,60€$
6. Der 1. verminderte Grundwert G^-_1 lautet 13,60 €.	$G^-_1 = 13,60€$
7. Setze die Werte erneut in die Formel ein. Der Grundwert G^-_1 beträgt 13,60 €, der Prozentsatz $p\%_2$ beträgt 10 %.	$G^-_2 = G^-_1 \cdot (1 - \dfrac{p\%_2}{100})$ $G^-_2 = 13,60€ \cdot (1 - \dfrac{10\%}{100})$
8. Berechne den Bruch: 10 % : 100 = 0,1. Durch die Division mit 100 löst sich das Prozentzeichen auf.	$G^-_2 = 13,60€ \cdot (1 - \dfrac{10\%}{100})$ $G^-_2 = 13,60€ \cdot (1 - 0,1)$
9. Berechne nun die Klammer: 1 – 0,1 = 0,9.	$G^-_2 = 13,60€ \cdot (1 - 0,1)$ $G^-_2 = 13,60€ \cdot 0,9$
10. Übrig bleibt eine Multiplikation. Berechne sie zum Schluss: 13,60 € · 0,9 = 12,24 €.	$G^-_2 = 13,60€ \cdot 0,9$ $G^-_2 = 12,24€$
11. Der 2. verminderte Grundwert G^-_2 lautet 12,24 €.	$G^-_2 = 12,24€$

5. Übungsaufgaben

Nachdem du nun die Grundlagen der Prozentrechnung gelernt hast, ist es an der Zeit, dein neues Wissen anzuwenden. Hier findest du viele Übungsaufgaben, bei denen du ausgiebig üben kannst.

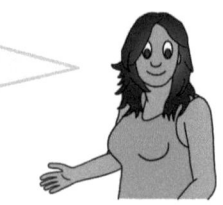

Übungen zu „Die Berechnung des Prozentsatzes p%"

→ die Lösungen stehen ab Seite 53

1. Berechne den Prozentsatz p%:

a) G = 100; P = 4   b) G = 100; P = 2

c) G = 100; P = 8   d) G = 100; P = 12

e) G = 100; P = 16   f) G = 100; P = 15

g) G = 100; P = 86   h) G = 100; P = 81

i) G = 100; P = 30   j) G = 100; P = 66

k) G = 100; P = 73   l) G = 100; P = 68

2. Berechne den Prozentsatz p%:

a) G = 50; P = 2   b) G = 50; P = 10

c) G = 50; P = 11   d) G = 50; P = 43

e) G = 50; P = 35   f) G = 50; P = 25

g) G = 50; P = 24   h) G = 50; P = 32

i) G = 50; P = 33   j) G = 50; P = 31

k) G = 50; P = 12   l) G = 50; P = 27

3. **Berechne den Prozentsatz p% (runde auf ganze Werte):**

a) G = 45; P = 28

b) G = 23; P = 18

c) G = 57; P = 49

d) G = 55; P = 49

e) G = 30; P = 32

f) G = 35; P = 44

g) G = 16; P = 50

h) G = 41; P = 31

i) G = 89; P = 51

j) G = 66; P = 39

k) G = 27; P = 54

l) G = 12; P = 29

Übungen zu „Die Berechnung des Grundwertes G"

→ die Lösungen stehen ab Seite 55

4. **Berechne den Grundwert G:**

a) P = 1; p% = 1 %

b) P = 6; p% = 6 %

c) P = 3; p% = 3 %

d) P = 21; p% = 21 %

e) P = 35; p% = 35 %

f) P = 47; p% = 47 %

g) P = 13; p% = 26 %

h) P = 26; p% = 52 %

i) P = 20; p% = 40 %

j) P = 32; p% = 64 %

k) P = 41; p% = 82 %

l) P = 21; p% = 42 %

5. **Berechne den Grundwert G (runde auf ganze Werte):**

a) P = 19; p% = 44 %

b) P = 27; p% = 59 %

c) P = 49; p% = 68 %

d) P = 40; p% = 51 %

e) P = 13; p% = 48 %

f) P = 26; p% = 29 %

g) P = 23; p% = 33 %

h) P = 30; p% = 40 %

i) P = 22; p% = 25 %

j) P = 20; p% = 38 %

k) P = 42; p% = 108 %

l) P = 46; p% = 575 %

6. **Berechne den Grundwert G (runde auf ganze Werte):**

a) P = 196; p% = 72 %

b) P = 551; p% = 129 %

c) P = 434; p% = 91 %

d) P = 296; p% = 245 %

e) P = 88; p% = 12 %   f) P = 414; p% = 178 %

g) P = 1.160; p% = 92 %   h) P = 2.281; p% = 112 %

i) P = 2829; p% = 63 %   j) P = 454; p% = 13 %

k) P = 2757; p% = 78 %   l) P = 3600; p% = 142 %

Übungen zu „Die Berechnung des Prozentwertes P"

→ die Lösungen stehen ab Seite 57

7. Berechne den Prozentwert P:

a) G = 100; p% = 3 %   b) G = 100; p% = 7 %

c) G = 100; p% = 6 %   d) G = 100; p% = 50 %

e) G = 100; p% = 30 %   f) G = 100; p% = 10 %

g) G = 100; p% = 53 %   h) G = 100; p% = 32 %

i) G = 100; p% = 15 %   j) G = 100; p% = 71 %

k) G = 100; p% = 17 %   l) G = 100; p% = 9 %

8. Berechne den Prozentwert P:

a) G = 50; p% = 38 %   b) G = 50; p% = 85 %

c) G = 50; p% = 7 %   d) G = 50; p% = 66 %

e) G = 50; p% = 71 %   f) G = 50; p% = 30 %

g) G = 50; p% = 42 %   h) G = 50; p% = 4 %

i) G = 50; p% = 47 %   j) G = 50; p% = 39 %

k) G = 50; p% = 40 %   l) G = 50; p% = 63 %

9. Berechne den Prozentwert P (runde auf ganze Werte):

a) G = 94; p% = 88 %   b) G = 68; p% = 55 %

c) G = 79; p% = 38 %   d) G = 9; p% = 19 %

e) G = 49; p% = 25 %   f) G = 98; p% = 30 %

g) G = 40; p% = 61 %   h) G = 19; p% = 48 %

i) G = 30; p% = 17 %

j) G = 63; p% = 36 %

k) G = 14; p% = 86 %

l) G = 85; p% = 16 %

Übungen zu „Der verminderte Grundwert"

→ die Lösungen stehen ab Seite 59

10. Berechne den verminderten Grundwert G⁻:

a) G = 100; p% = 21 %

b) G = 100; p% = 25 %

c) G = 100; p% = 34 %

d) G = 100; p% = 28 %

e) G = 100; p% = 38 %

f) G = 100; p% = 49 %

g) G = 100; p% = 97 %

h) G = 100; p% = 69 %

i) G = 100; p% = 89 %

j) G = 100; p% = 77 %

k) G = 100; p% = 55 %

l) G = 100; p% = 88 %

11. Berechne den verminderten Grundwert G⁻:

a) G = 75; p% = 44 %

b) G = 75; p% = 20 %

c) G = 75; p% = 89 %

d) G = 75; p% = 2 %

e) G = 50; p% = 77 %

f) G = 50; p% = 40 %

g) G = 50; p% = 24 %

h) G = 50; p% = 69 %

i) G = 25; p% = 12 %

j) G = 25; p% = 79 %

k) G = 25; p% = 83 %

l) G = 25; p% = 27 %

12. Berechne den verminderten Grundwert G⁻:

a) G = 34; p% = 21 %

b) G = 56; p% = 88 %

c) G = 19; p% = 51 %

d) G = 65; p% = 31 %

e) G = 168; p% = 38 %

f) G = 186; p% = 7 %

g) G = 150; p% = 18 %

h) G = 104; p% = 80 %

i) G = 246; p% = 4 %

j) G = 315; p% = 89 %

k) G = 280; p% = 65 %

l) G = 355; p% = 51 %

13. Berechne den ursprünglichen Grundwert G (runde auf ganze Werte):

a) $G^- = 51$; p% = 36 %

b) $G^- = 37$; p% = 66 %

c) $G^- = 39$; p% = 79 %

d) $G^- = 178$; p% = 13 %

e) $G^- = 71$; p% = 59 %

f) $G^- = 175$; p% = 25 %

g) $G^- = 93$; p% = 51 %

h) $G^- = 53$; p% = 13 %

i) $G^- = 194$; p% = 25 %

j) $G^- = 48$; p% = 81 %

k) $G^- = 12$; p% = 21 %

l) $G^- = 115$; p% = 60 %

14. Berechne den Prozentsatz p% (runde auf ganze Werte):

a) $G = 55$; $G^- = 23$

b) $G = 25$; $G^- = 9$

c) $G = 221$; $G^- = 82$

d) $G = 38$; $G^- = 28$

e) $G = 64$; $G^- = 42$

f) $G = 194$; $G^- = 68$

g) $G = 198$; $G^- = 83$

h) $G = 160$; $G^- = 50$

i) $G = 125$; $G^- = 98$

j) $G = 30$; $G^- = 26$

k) $G = 153$; $G^- = 118$

l) $G = 267$; $G^- - = 117$

Übungen zu „Der vermehrte Grundwert"

→ die Lösungen stehen ab Seite 62

15. Berechne den vermehrten Grundwert G⁺:

a) $G = 100$; p% = 38 %

b) $G = 100$; p% = 4 %

c) $G = 100$; p% = 17 %

d) $G = 100$; p% = 39 %

e) $G = 100$; p% = 21 %

f) $G = 100$; p% = 8 %

g) $G = 100$; p% = 67 %

h) $G = 100$; p% = 54 %

i) $G = 100$; p% = 75 %

j) $G = 100$; p% = 89 %

k) $G = 100$; p% = 81 %

l) $G = 100$; p% = 62 %

16. Berechne den vermehrten Grundwert G^+:

a) G = 75; p% = 55 %

b) G = 75; p% = 8 %

c) G = 75; p% = 71 %

d) G = 75; p% = 42 %

e) G = 50; p% = 2 %

f) G = 50; p% = 76 %

g) G = 50; p% = 16 %

h) G = 50; p% = 10 %

i) G = 25; p% = 68 %

j) G = 25; p% = 54 %

k) G = 25; p% = 32 %

l) G = 25; p% = 47 %

17. Berechne den vermehrten Grundwert G^+:

a) G = 48; p% = 3 %

b) G = 2; p% = 67 %

c) G = 53; p% = 31 %

d) G = 43; p% = 62 %

e) G = 199; p% = 28 %

f) G = 140; p% = 68 %

g) G = 118; p% = 31 %

h) G = 183; p% = 24 %

i) G = 214; p% = 120 %

j) G = 301; p% = 113 %

k) G = 217; p% = 167 %

l) G = 336; p% = 166 %

18. Berechne den ursprünglichen Grundwert G (runde auf ganze Werte):

a) G^+ = 273; p% = 42%

b) G^+ = 347; p% = 60%

c) G^+ = 212; p% = 20%

d) G^+ = 234; p% = 53%

e) G^+ = 195; p% = 13%

f) G^+ = 87; p% = 67%

g) G^+ = 379; p% = 53%

h) G^+ = 333; p% = 11%

i) G^+ = 263; p% = 40%

j) G^+ = 399; p% = 90%

k) G^+ = 205; p% = 35%

l) G^+ = 288; p% = 51%

19. Berechne den Prozentsatz p% (runde auf ganze Werte):

a) G = 219; G^+ = 396

b) G = 126; G^+ = 238

c) G = 94; G^+ = 112

d) G = 28; G^+ = 37

e) G = 205; G^+ = 316

f) G = 11; G^+ = 13

g) G = 240; G^+ = 446

h) G = 293; G^+ = 510

i) $G = 34$; $G^+ = 48$ j) $G = 218$; $G^+ = 386$

k) $G = 293$; $G^+ = 422$ l) $G = 156$; $G^+ = 278$

Übungen zu „Prozente über Prozente"

→ die Lösungen stehen ab Seite 66

20. Berechne den vermehrten Grundwert G^+:

a) $G = 100$; $p\%_1 = 77\ \%$; $p\%_2 = 29\ \%$ b) $G = 100$; $p\%_1 = 80\ \%$; $p\%_2 = 47\ \%$

c) $G = 100$; $p\%_1 = 67\ \%$; $p\%_2 = 38\ \%$ d) $G = 100$; $p\%_1 = 62\ \%$; $p\%_2 = 12\ \%$

e) $G = 50$; $p\%_1 = 37\ \%$; $p\%_2 = 14\ \%$ f) $G = 50$; $p\%_1 = 46\ \%$; $p\%_2 = 33\ \%$

g) $G = 50$; $p\%_1 = 38\ \%$; $p\%_2 = 11\ \%$ h) $G = 50$; $p\%_1 = 48\ \%$; $p\%_2 = 23\ \%$

i) $G = 72$; $p\%_1 = 25\ \%$; $p\%_2 = 36\ \%$ j) $G = 110$; $p\%_1 = 46\ \%$; $p\%_2 = 58\ \%$

k) $G = 162$; $p\%_1 = 50\ \%$; $p\%_2 = 25\ \%$; $p\%_3 = 14\ \%$ l) $G = 191$; $p\%_1 = 62\ \%$; $p\%_2 = 51\ \%$; $p\%_3 = 40\ \%$

21. Berechne den verminderten Grundwert G^-:

a) $G = 100$; $p\%_1 = 28\ \%$; $p\%_2 = 11\ \%$ b) $G = 100$; $p\%_1 = 32\ \%$; $p\%_2 = 28\ \%$

c) $G = 100$; $p\%_1 = 35\ \%$; $p\%_2 = 35\ \%$ d) $G = 100$; $p\%_1 = 30\ \%$; $p\%_2 = 37\ \%$

e) $G = 50$; $p\%_1 = 26\ \%$; $p\%_2 = 17\ \%$ f) $G = 50$; $p\%_1 = 50\ \%$; $p\%_2 = 25\ \%$

g) $G = 50$; $p\%_1 = 46\ \%$; $p\%_2 = 24\ \%$ h) $G = 50$; $p\%_1 = 35\ \%$; $p\%_2 = 20\ \%$

i) $G = 194$; $p\%_1 = 54\ \%$; $p\%_2 = 13\ \%$ j) $G = 54$; $p\%_1 = 69\ \%$; $p\%_2 = 18\ \%$

k) $G = 48$; $p\%_1 = 35\ \%$; $p\%_2 = 47\ \%$; $p\%_3 = 53\ \%$ l) $G = 143$; $p\%_1 = 57\ \%$; $p\%_2 = 43\ \%$; $p\%_3 = 29\ \%$

22. Berechne den neuen Grundwert G_2:

a) $G = 25$; $p\%^+ = 29\ \%$; $p\%^- = 63\ \%$ b) $G = 99$; $p\%^+ = 64\ \%$; $p\%^- = 72\ \%$

c) $G = 8$; $p\%^+ = 90\ \%$; $p\%^- = 42\ \%$ d) $G = 73$; $p\%^+ = 46\ \%$; $p\%^- = 61\ \%$

e) $G = 21$; $p\%^+ = 47\ \%$; $p\%^- = 33\ \%$ f) $G = 90$; $p\%^+ = 28\ \%$; $p\%^- = 66\ \%$

g) $G = 11$; $p\%^- = 44\ \%$; $p\%^+ = 61\ \%$ h) $G = 12$; $p\%^- = 12\ \%$; $p\%^+ = 32\ \%$

mathetreff-online

i) $G = 54$; $p\%^- = 78\,\%$; $p\%^+ = 89\,\%$ j) $G = 59$; $p\%^- = 79\,\%$; $p\%^+ = 69\,\%$

k) $G = 73$; $p\%^- = 84\,\%$; $p\%^+ = 72\,\%$ l) $G = 70$; $p\%^- = 65\,\%$; $p\%^+ = 11\,\%$

Textaufgaben

→ die Lösungen stehen ab Seite 70

23. Löse die Textaufgaben:

a) Ein Sofa wird im Räumungsverkauf für 160 € angeboten. Das sind 55 % des ursprünglichen Preises. Was kostete das Sofa früher?

b) Eine Handwerkerrechnung beträgt 3.181 €. Es kommen noch 19 % Mehrwertsteuer hinzu. Wie viel € müssen überwiesen werden?

c) Tanja hat in einer Klassenarbeit 19 Punkte erzielt, das sind 76 % der Gesamtpunktzahl. Wie hoch ist die Gesamtpunktzahl?

d) Ein Vorführwagen wird 23 % unter dem Neupreis für 19.000 € angeboten. Wie hoch war der Neupreis?

e) Ein Wasserfass fasst 300 Liter. Es ist bereits 15 % gefüllt. Wie viel Liter Wasser sind in dem Fass?

f) Von einer Tapetenrolle werden 5,28 m abgeschnitten. Dies sind 22 %. Wie lang ist die Tapetenrolle?

g) Eine Jacke kostet 70 €. Im Winterschlussverkauf wird der Preis um 30 % reduziert. Wie viel kostet die Jacke jetzt?

h) Saskia möchte sich ein neues Fahrrad kaufen. Sie hat bereits 71 % gespart, 261 € fehlen ihr noch. Was kostet das Fahrrad?

i) Nach einer Lohnerhöhung von 2,5 % verdient ein Facharbeiter 17,22 € in der Stunde. Wie viel verdiente er vor der Lohnerhöhung?

j) Julias Eltern erhalten eine Rechnung über 1.709,73 €, darin sind 19 % Mehrwertsteuer bereits enthalten. Wie hoch ist die Mehrwertsteuer?

k) 68 kg Kaffeebohnen wiegen nach dem Rösten nur noch 57,8 kg. Wie viel Prozent des ursprünglichen Gewichtes gingen verloren?

l) Saskia möchte mit ihren Freundinnen in den Urlaub fahren. Ihr Opa ist bereit, 20 % der Kosten zu übernehmen. ¼ der gesamten Kosten hat Saskia bereits gespart. Die restlichen 440 € muss sie noch durch Nebentätigkeiten erarbeiten. Wie teuer ist ihr Urlaub?

24. Löse die Textaufgaben:

a) An einem Lauf nehmen 1.610 Frauen teil. Das sind 48 % aller teilnehmenden Personen. Wie viele Personen laufen insgesamt mit?

b) Von den Besuchern eines Handballspiels haben rund 22 % eine Dauerkarte. Das sind 635 Besucher. Wie viele Personen besuchen das Spiel?

c) Die Schülerzahl an einer Schule hat sich seit 2010 um 12,93 % erhöht. Heute sind 847 Schüler gemeldet. Wie viele Schüler waren es 2010?

d) Tanjas Eltern bekommen auf ihr neues Gartenhäuschen einen Rabatt. Wie viel Prozent bekommen sie, wenn sie statt 2.350 € nur 2.209 € bezahlen müssen?

e) In einer Firma kommen 9 Arbeiter mit der Straßenbahn und 32 mit dem Auto. Wie viel Prozent fahren mit der Straßenbahn bzw. mit dem Auto?

f) Ein Fernseher wurde im Preis um 15 % heruntergesetzt. Julias Eltern bezahlten 1.178 €. Wie viel Euro haben sie gespart?

g) Eine Fußgängerzone wird erneuert. Es sind bereits 198 m Weg fertiggestellt, das sind 26 % der Gesamtlänge. Wie lang ist die Fußgängerzone?

h) Ein Auto verbraucht auf 400 km 47 Liter Benzin, ein anderes Auto verbraucht 65,8 Liter auf 700 km. Um wie viel Prozent ist der Verbrauch eines der beiden Autos niedriger als der des anderen?

i) Eine Kundin eines Schuhgeschäftes kauft drei Paar Schuhe für 152 €. Sie bezahlt nur 129,20 €. Wie viel Prozent Preisnachlass bekommt sie?

j) Der Grundpreis eines Autos beträgt 31.868,20 €. Ein Kunde möchte noch Sonderausstattungen in Höhe von 8.400 €. Er bekommt vom Autohaus 7 % Rabatt. Wie viel muss er bezahlen?

k) In einem Obstgarten wurden insgesamt 260 kg Äpfel und Birnen gepflückt. 178 kg davon sind Äpfel. Wie viel Prozent der Gesamternte sind Birnen?

l) Ein Kaffeevollautomat, der anfänglich 1.500 € kostete, wird zunächst um 10 % billiger verkauft. Wegen großer Nachfrage wird der Preis danach wieder um 6 % erhöht. Um wie viel Prozent ist er jetzt günstiger als am Anfang?

6. Lösungen

Die gezeigten Lösungen sind nur eine Variante – du kannst die Aufgaben auch anders lösen. Wichtig ist dabei nur, dass dein Ergebnis am Ende dem unserer Lösung entspricht.

Lösungen zu „Die Berechnung des Prozentsatzes p%" (Seite 44):

1. Berechne den Prozentsatz p%:

a) $p\% = \dfrac{P}{G} \cdot 100 = \dfrac{4}{100} \cdot 100 = 0,04 \cdot 100 = 4\ \%$

b) $p\% = \dfrac{P}{G} \cdot 100 = \dfrac{2}{100} \cdot 100 = 0,02 \cdot 100 = 2\ \%$

c) $p\% = \dfrac{P}{G} \cdot 100 = \dfrac{8}{100} \cdot 100 = 0,08 \cdot 100 = 8\ \%$

d) $p\% = \dfrac{P}{G} \cdot 100 = \dfrac{12}{100} \cdot 100 = 0,12 \cdot 100 = 12\ \%$

e) $p\% = \dfrac{P}{G} \cdot 100 = \dfrac{16}{100} \cdot 100 = 0,16 \cdot 100 = 16\ \%$

f) $p\% = \dfrac{P}{G} \cdot 100 = \dfrac{15}{100} \cdot 100 = 0,15 \cdot 100 = 15\ \%$

g) $p\% = \dfrac{P}{G} \cdot 100 = \dfrac{86}{100} \cdot 100 = 0,86 \cdot 100 = 86\ \%$

h) $p\% = \dfrac{P}{G} \cdot 100 = \dfrac{81}{100} \cdot 100 = 0,81 \cdot 100 = 81\ \%$

i) $p\% = \dfrac{P}{G} \cdot 100 = \dfrac{30}{100} \cdot 100 = 0,3 \cdot 100 = 30\ \%$

j) $p\% = \dfrac{P}{G} \cdot 100 = \dfrac{66}{100} \cdot 100 = 0,66 \cdot 100 = 66\ \%$

k) $p\% = \dfrac{P}{G} \cdot 100 = \dfrac{73}{100} \cdot 100 = 0,73 \cdot 100 = 73\ \%$

l) $p\% = \dfrac{P}{G} \cdot 100 = \dfrac{68}{100} \cdot 100 = 0{,}68 \cdot 100 = 68\ \%$

2. Berechne den Prozentsatz p%:

a) $p\% = \dfrac{P}{G} \cdot 100 = \dfrac{2}{50} \cdot 100 = 0{,}04 \cdot 100 = 4\ \%$

b) $p\% = \dfrac{P}{G} \cdot 100 = \dfrac{10}{50} \cdot 100 = 0{,}2 \cdot 100 = 20\ \%$

c) $p\% = \dfrac{P}{G} \cdot 100 = \dfrac{11}{50} \cdot 100 = 0{,}22 \cdot 100 = 22\ \%$

d) $p\% = \dfrac{P}{G} \cdot 100 = \dfrac{43}{50} \cdot 100 = 0{,}86 \cdot 100 = 86\ \%$

e) $p\% = \dfrac{P}{G} \cdot 100 = \dfrac{35}{50} \cdot 100 = 0{,}7 \cdot 100 = 70\ \%$

f) $p\% = \dfrac{P}{G} \cdot 100 = \dfrac{25}{50} \cdot 100 = 0{,}5 \cdot 100 = 50\ \%$

g) $p\% = \dfrac{P}{G} \cdot 100 = \dfrac{24}{50} \cdot 100 = 0{,}48 \cdot 100 = 48\ \%$

h) $p\% = \dfrac{P}{G} \cdot 100 = \dfrac{32}{50} \cdot 100 = 0{,}64 \cdot 100 = 64\ \%$

i) $p\% = \dfrac{P}{G} \cdot 100 = \dfrac{33}{50} \cdot 100 = 0{,}66 \cdot 100 = 66\ \%$

j) $p\% = \dfrac{P}{G} \cdot 100 = \dfrac{31}{50} \cdot 100 = 0{,}62 \cdot 100 = 62\ \%$

k) $p\% = \dfrac{P}{G} \cdot 100 = \dfrac{12}{50} \cdot 100 = 0{,}24 \cdot 100 = 24\ \%$

l) $p\% = \dfrac{P}{G} \cdot 100 = \dfrac{27}{50} \cdot 100 = 0{,}54 \cdot 100 = 54\ \%$

3. Berechne den Prozentsatz p% (runde auf ganze Werte):

a) $p\% = \dfrac{P}{G} \cdot 100 = \dfrac{28}{45} \cdot 100 = 0{,}6222 \cdot 100 = 62{,}22\ \% \approx 62\ \%$

b) $p\% = \dfrac{P}{G} \cdot 100 = \dfrac{18}{23} \cdot 100 = 0{,}7826 \cdot 100 = 78{,}26\ \% \approx 78\ \%$

c) $p\% = \dfrac{P}{G} \cdot 100 = \dfrac{49}{57} \cdot 100 = 0{,}8596 \cdot 100 = 85{,}96\ \% \approx 86\ \%$

d) $p\% = \dfrac{P}{G} \cdot 100 = \dfrac{49}{55} \cdot 100 = 0{,}8909 \cdot 100 = 89{,}09\ \% \approx 89\ \%$

e) $p\% = \dfrac{P}{G} \cdot 100 = \dfrac{32}{30} \cdot 100 = 1{,}0667 \cdot 100 = 106{,}67\ \% \approx 107\ \%$

f) $p\% = \dfrac{P}{G} \cdot 100 = \dfrac{44}{35} \cdot 100 = 1{,}2571 \cdot 100 = 125{,}71\ \% \approx 126\ \%$

g) $p\% = \dfrac{P}{G} \cdot 100 = \dfrac{50}{16} \cdot 100 = 3{,}125 \cdot 100 = 312{,}5\,\% \approx 313\,\%$

h) $p\% = \dfrac{P}{G} \cdot 100 = \dfrac{31}{41} \cdot 100 = 0{,}7561 \cdot 100 = 75{,}61\,\% \approx 76\,\%$

i) $p\% = \dfrac{P}{G} \cdot 100 = \dfrac{51}{89} \cdot 100 = 0{,}5730 \cdot 100 = 57{,}3\,\% \approx 57\,\%$

j) $p\% = \dfrac{P}{G} \cdot 100 = \dfrac{39}{66} \cdot 100 = 0{,}5909 \cdot 100 = 59{,}09\,\% \approx 59\,\%$

k) $p\% = \dfrac{P}{G} \cdot 100 = \dfrac{54}{27} \cdot 100 = 2 \cdot 100 = 200\,\%$

l) $p\% = \dfrac{P}{G} \cdot 100 = \dfrac{29}{12} \cdot 100 = 2{,}4167 \cdot 100 = 241{,}67\,\% \approx 242\,\%$

Lösungen zu „Die Berechnung des Grundwertes G" (Seite 45):

4. Berechne den Grundwert G:

a) $G = \dfrac{P \cdot 100}{p\%} = \dfrac{1 \cdot 100}{1\,\%} = \dfrac{100\%}{1\%} = 100$

b) $G = \dfrac{P \cdot 100}{p\%} = \dfrac{6 \cdot 100}{6\,\%} = \dfrac{600\%}{6\%} = 100$

c) $G = \dfrac{P \cdot 100}{p\%} = \dfrac{3 \cdot 100}{3\,\%} = \dfrac{300\%}{3\%} = 100$

d) $G = \dfrac{P \cdot 100}{p\%} = \dfrac{21 \cdot 100}{21\,\%} = \dfrac{2.100\%}{21\%} = 100$

e) $G = \dfrac{P \cdot 100}{p\%} = \dfrac{35 \cdot 100}{35\,\%} = \dfrac{3.500\%}{35\%} = 100$

f) $G = \dfrac{P \cdot 100}{p\%} = \dfrac{47 \cdot 100}{47\,\%} = \dfrac{4.700\%}{47\%} = 100$

g) $G = \dfrac{P \cdot 100}{p\%} = \dfrac{13 \cdot 100}{26\,\%} = \dfrac{1.300\%}{26\%} = 50$

h) $G = \dfrac{P \cdot 100}{p\%} = \dfrac{26 \cdot 100}{52\,\%} = \dfrac{2.600\%}{52\%} = 50$

i) $G = \dfrac{P \cdot 100}{p\%} = \dfrac{20 \cdot 100}{40\,\%} = \dfrac{2.000\%}{40\%} = 50$

j) $G = \dfrac{P \cdot 100}{p\%} = \dfrac{32 \cdot 100}{64\,\%} = \dfrac{3.200\%}{64\%} = 50$

k) $G = \dfrac{P \cdot 100}{p\%} = \dfrac{41 \cdot 100}{82\,\%} = \dfrac{4.100\%}{82\%} = 50$

l) $G = \dfrac{P \cdot 100}{p\%} = \dfrac{21 \cdot 100}{42\,\%} = \dfrac{2.100\%}{42\%} = 50$

5. Berechne den Grundwert G (runde auf ganze Werte):

a) $G = \dfrac{P \cdot 100}{p\%} = \dfrac{19 \cdot 100}{44\%} = \dfrac{1.900\%}{44\%} = 43,18\ldots \approx 43$

b) $G = \dfrac{P \cdot 100}{p\%} = \dfrac{27 \cdot 100}{59\%} = \dfrac{2.700\%}{59\%} = 45,76\ldots \approx 46$

c) $G = \dfrac{P \cdot 100}{p\%} = \dfrac{49 \cdot 100}{68\%} = \dfrac{4.900\%}{68\%} = 72,05\ldots \approx 72$

d) $G = \dfrac{P \cdot 100}{p\%} = \dfrac{40 \cdot 100}{51\%} = \dfrac{4.000\%}{51\%} = 78,43\ldots \approx 78$

e) $G = \dfrac{P \cdot 100}{p\%} = \dfrac{13 \cdot 100}{48\%} = \dfrac{1.300\%}{48\%} = 27,08\ldots \approx 27$

f) $G = \dfrac{P \cdot 100}{p\%} = \dfrac{26 \cdot 100}{29\%} = \dfrac{2.600\%}{29\%} = 89,65\ldots \approx 90$

g) $G = \dfrac{P \cdot 100}{p\%} = \dfrac{23 \cdot 100}{33\%} = \dfrac{2.300\%}{33\%} = 69,69\ldots \approx 70$

h) $G = \dfrac{P \cdot 100}{p\%} = \dfrac{30 \cdot 100}{40\%} = \dfrac{3.000\%}{40\%} = 75$

i) $G = \dfrac{P \cdot 100}{p\%} = \dfrac{22 \cdot 100}{25\%} = \dfrac{2.200\%}{25\%} = 88$

j) $G = \dfrac{P \cdot 100}{p\%} = \dfrac{20 \cdot 100}{38\%} = \dfrac{2.000\%}{38\%} = 52,63\ldots \approx 53$

k) $G = \dfrac{P \cdot 100}{p\%} = \dfrac{42 \cdot 100}{108\%} = \dfrac{4.200\%}{108\%} = 38,88\ldots \approx 39$

l) $G = \dfrac{P \cdot 100}{p\%} = \dfrac{46 \cdot 100}{575\%} = \dfrac{4.600\%}{575\%} = 8$

6. Berechne den Grundwert G (runde auf ganze Werte):

a) $G = \dfrac{P \cdot 100}{p\%} = \dfrac{196 \cdot 100}{72\%} = \dfrac{19.600\%}{72\%} = 272,22\ldots \approx 272$

b) $G = \dfrac{P \cdot 100}{p\%} = \dfrac{551 \cdot 100}{129\%} = \dfrac{55.100\%}{129\%} = 427,13\ldots \approx 427$

c) $G = \dfrac{P \cdot 100}{p\%} = \dfrac{434 \cdot 100}{91\%} = \dfrac{43.400\%}{91\%} = 476,92\ldots \approx 477$

d) $G = \dfrac{P \cdot 100}{p\%} = \dfrac{296 \cdot 100}{245\%} = \dfrac{29.600\%}{245\%} = 120,81\ldots \approx 121$

e) $G = \dfrac{P \cdot 100}{p\%} = \dfrac{88 \cdot 100}{12\%} = \dfrac{8.800\%}{12\%} = 733,33\ldots \approx 733$

f) $G = \dfrac{P \cdot 100}{p\%} = \dfrac{414 \cdot 100}{178\%} = \dfrac{41.400\%}{178\%} = 232,58\ldots \approx 233$

g) $G = \dfrac{P \cdot 100}{p\%} = \dfrac{1.160 \cdot 100}{92\%} = \dfrac{116.000\%}{92\%} = 1.260,86\ldots \approx 1.261$

h) $G = \dfrac{P \cdot 100}{p\%} = \dfrac{2.281 \cdot 100}{112\%} = \dfrac{228.100\%}{112\%} = 2.036,60\ldots \approx 2.037$

i) $G = \dfrac{P \cdot 100}{p\%} = \dfrac{2829 \cdot 100}{63\%} = \dfrac{282.900\%}{63\%} = 4.490,47\ldots \approx 4.490$

j) $G = \dfrac{P \cdot 100}{p\%} = \dfrac{454 \cdot 100}{13\%} = \dfrac{45.400\%}{13\%} = 3.492,30\ldots \approx 3.492$

k) $G = \dfrac{P \cdot 100}{p\%} = \dfrac{2.757 \cdot 100}{78\%} = \dfrac{275.700\%}{78\%} = 3.534,61\ldots \approx 3.535$

l) $G = \dfrac{P \cdot 100}{p\%} = \dfrac{3.600 \cdot 100}{142\%} = \dfrac{360.000\%}{142\%} = 2.535,21\ldots \approx 2.535$

Lösungen zu „Die Berechnung des Prozentwertes P" (Seite 46):

7. Berechne den Prozentwert P:

a) $P = \dfrac{p\% \cdot G}{100} = \dfrac{3\% \cdot 100}{100} = \dfrac{300\%}{100} = 3$

b) $P = \dfrac{p\% \cdot G}{100} = \dfrac{7\% \cdot 100}{100} = \dfrac{700\%}{100} = 7$

c) $P = \dfrac{p\% \cdot G}{100} = \dfrac{6\% \cdot 100}{100} = \dfrac{600\%}{100} = 6$

d) $P = \dfrac{p\% \cdot G}{100} = \dfrac{50\% \cdot 100}{100} = \dfrac{5.000\%}{100} = 50$

e) $P = \dfrac{p\% \cdot G}{100} = \dfrac{30\% \cdot 100}{100} = \dfrac{3.000\%}{100} = 30$

f) $P = \dfrac{p\% \cdot G}{100} = \dfrac{10\% \cdot 100}{100} = \dfrac{1.000\%}{100} = 10$

g) $P = \dfrac{p\% \cdot G}{100} = \dfrac{53\% \cdot 100}{100} = \dfrac{5.300\%}{100} = 53$

h) $P = \dfrac{p\% \cdot G}{100} = \dfrac{32\% \cdot 100}{100} = \dfrac{3.200\%}{100} = 32$

i) $P = \dfrac{p\% \cdot G}{100} = \dfrac{15\% \cdot 100}{100} = \dfrac{1.500\%}{100} = 15$

j) $P = \dfrac{p\% \cdot G}{100} = \dfrac{71\% \cdot 100}{100} = \dfrac{7.100\%}{100} = 71$

k) $P = \dfrac{p\% \cdot G}{100} = \dfrac{17\% \cdot 100}{100} = \dfrac{1.700\%}{100} = 17$

l) $P = \dfrac{p\% \cdot G}{100} = \dfrac{9\% \cdot 100}{100} = \dfrac{900\%}{100} = 9$

8. Berechne den Prozentwert P:

a) $P = \dfrac{p\% \cdot G}{100} = \dfrac{38\% \cdot 50}{100} = \dfrac{1.900\%}{100} = 19$

b) $P = \dfrac{p\% \cdot G}{100} = \dfrac{85\% \cdot 50}{100} = \dfrac{4.250\%}{100} = 42,5$

c) $P = \dfrac{p\% \cdot G}{100} = \dfrac{7\% \cdot 50}{100} = \dfrac{350\%}{100} = 3,5$

d) $P = \dfrac{p\% \cdot G}{100} = \dfrac{66\% \cdot 50}{100} = \dfrac{3.300\%}{100} = 33$

e) $P = \dfrac{p\% \cdot G}{100} = \dfrac{71\% \cdot 50}{100} = \dfrac{3.550\%}{100} = 35,5$

f) $P = \dfrac{p\% \cdot G}{100} = \dfrac{30\% \cdot 50}{100} = \dfrac{1.500\%}{100} = 15$

g) $P = \dfrac{p\% \cdot G}{100} = \dfrac{42\% \cdot 50}{100} = \dfrac{2.100\%}{100} = 21$

h) $P = \dfrac{p\% \cdot G}{100} = \dfrac{4\% \cdot 50}{100} = \dfrac{200\%}{100} = 2$

i) $P = \dfrac{p\% \cdot G}{100} = \dfrac{47\% \cdot 50}{100} = \dfrac{2.350\%}{100} = 23,5$

j) $P = \dfrac{p\% \cdot G}{100} = \dfrac{39\% \cdot 50}{100} = \dfrac{1.950\%}{100} = 19,5$

k) $P = \dfrac{p\% \cdot G}{100} = \dfrac{40\% \cdot 50}{100} = \dfrac{2.000\%}{100} = 20$

l) $P = \dfrac{p\% \cdot G}{100} = \dfrac{63\% \cdot 50}{100} = \dfrac{3.150\%}{100} = 31,5$

9. Berechne den Prozentwert P (runde auf ganze Werte):

a) $P = \dfrac{p\% \cdot G}{100} = \dfrac{88\% \cdot 94}{100} = \dfrac{8.272\%}{100} = 82,72 \approx 83$

b) $P = \dfrac{p\% \cdot G}{100} = \dfrac{55\% \cdot 68}{100} = \dfrac{3.740\%}{100} = 37,4 \approx 37$

c) $P = \dfrac{p\% \cdot G}{100} = \dfrac{38\% \cdot 79}{100} = \dfrac{3.002\%}{100} = 30,02 \approx 30$

d) $P = \dfrac{p\% \cdot G}{100} = \dfrac{19\% \cdot 9}{100} = \dfrac{171\%}{100} = 1,71 \approx 2$

e) $P = \dfrac{p\% \cdot G}{100} = \dfrac{25\% \cdot 49}{100} = \dfrac{1.225\%}{100} = 12,25 \approx 12$

f) $P = \dfrac{p\% \cdot G}{100} = \dfrac{30\% \cdot 98}{100} = \dfrac{2.940\%}{100} = 29,4 \approx 29$

g) $P = \dfrac{p\% \cdot G}{100} = \dfrac{61\% \cdot 40}{100} = \dfrac{2.440\%}{100} = 24,4 \approx 24$

h) $P = \dfrac{p\% \cdot G}{100} = \dfrac{48\% \cdot 19}{100} = \dfrac{912\%}{100} = 9,12 \approx 9$

i) $P = \dfrac{p\% \cdot G}{100} = \dfrac{17\ \% \cdot 30}{100} = \dfrac{510\%}{100} = 5,1 \approx 5$

j) $P = \dfrac{p\% \cdot G}{100} = \dfrac{36\ \% \cdot 63}{100} = \dfrac{2.268\%}{100} = 22,68 \approx 23$

k) $P = \dfrac{p\% \cdot G}{100} = \dfrac{86\ \% \cdot 14}{100} = \dfrac{1.204\%}{100} = 12,04 \approx 12$

l) $P = \dfrac{p\% \cdot G}{100} = \dfrac{16\ \% \cdot 85}{100} = \dfrac{1.360\%}{100} = 13,6 \approx 14$

Lösungen zu „Der verminderte Grundwert" (Seite 47):

10. Berechne den verminderten Grundwert G⁻:

a) $G^- = G \cdot (1 - \dfrac{p\%}{100}) = 100 \cdot (1 - \dfrac{21\ \%}{100}) = 100 \cdot (1 - 0,21) = 100 \cdot 0,79 = 79$

b) $G^- = G \cdot (1 - \dfrac{p\%}{100}) = 100 \cdot (1 - \dfrac{25\ \%}{100}) = 100 \cdot (1 - 0,25) = 100 \cdot 0,75 = 75$

c) $G^- = G \cdot (1 - \dfrac{p\%}{100}) = 100 \cdot (1 - \dfrac{34\ \%}{100}) = 100 \cdot (1 - 0,34) = 100 \cdot 0,66 = 66$

d) $G^- = G \cdot (1 - \dfrac{p\%}{100}) = 100 \cdot (1 - \dfrac{28\ \%}{100}) = 100 \cdot (1 - 0,28) = 100 \cdot 0,72 = 72$

e) $G^- = G \cdot (1 - \dfrac{p\%}{100}) = 100 \cdot (1 - \dfrac{38\ \%}{100}) = 100 \cdot (1 - 0,38) = 100 \cdot 0,62 = 62$

f) $G^- = G \cdot (1 - \dfrac{p\%}{100}) = 100 \cdot (1 - \dfrac{49\ \%}{100}) = 100 \cdot (1 - 0,49) = 100 \cdot 0,51 = 51$

g) $G^- = G \cdot (1 - \dfrac{p\%}{100}) = 100 \cdot (1 - \dfrac{97\ \%}{100}) = 100 \cdot (1 - 0,97) = 100 \cdot 0,03 = 3$

h) $G^- = G \cdot (1 - \dfrac{p\%}{100}) = 100 \cdot (1 - \dfrac{69\ \%}{100}) = 100 \cdot (1 - 0,69) = 100 \cdot 0,31 = 31$

i) $G^- = G \cdot (1 - \dfrac{p\%}{100}) = 100 \cdot (1 - \dfrac{89\ \%}{100}) = 100 \cdot (1 - 0,89) = 100 \cdot 0,11 = 11$

j) $G^- = G \cdot (1 - \dfrac{p\%}{100}) = 100 \cdot (1 - \dfrac{77\ \%}{100}) = 100 \cdot (1 - 0,77) = 100 \cdot 0,23 = 23$

k) $G^- = G \cdot (1 - \dfrac{p\%}{100}) = 100 \cdot (1 - \dfrac{55\ \%}{100}) = 100 \cdot (1 - 0,55) = 100 \cdot 0,45 = 45$

l) $G^- = G \cdot (1 - \dfrac{p\%}{100}) = 100 \cdot (1 - \dfrac{88\ \%}{100}) = 100 \cdot (1 - 0,88) = 100 \cdot 0,12 = 12$

11. Berechne den verminderten Grundwert G⁻:

a) $G^- = G \cdot (1 - \frac{p\%}{100}) = 75 \cdot (1 - \frac{44\,\%}{100}) = 75 \cdot (1 - 0,44) = 75 \cdot 0,56 = 42$

b) $G^- = G \cdot (1 - \frac{p\%}{100}) = 75 \cdot (1 - \frac{20\,\%}{100}) = 75 \cdot (1 - 0,2) = 75 \cdot 0,8 = 60$

c) $G^- = G \cdot (1 - \frac{p\%}{100}) = 75 \cdot (1 - \frac{89\,\%}{100}) = 75 \cdot (1 - 0,89) = 75 \cdot 0,11 = 8,25$

d) $G^- = G \cdot (1 - \frac{p\%}{100}) = 75 \cdot (1 - \frac{2\,\%}{100}) = 75 \cdot (1 - 0,02) = 75 \cdot 0,98 = 73,5$

e) $G^- = G \cdot (1 - \frac{p\%}{100}) = 50 \cdot (1 - \frac{77\,\%}{100}) = 50 \cdot (1 - 0,77) = 50 \cdot 0,23 = 11,5$

f) $G^- = G \cdot (1 - \frac{p\%}{100}) = 50 \cdot (1 - \frac{40\,\%}{100}) = 50 \cdot (1 - 0,4) = 50 \cdot 0,6 = 30$

g) $G^- = G \cdot (1 - \frac{p\%}{100}) = 50 \cdot (1 - \frac{24\,\%}{100}) = 50 \cdot (1 - 0,24) = 50 \cdot 0,76 = 38$

h) $G^- = G \cdot (1 - \frac{p\%}{100}) = 50 \cdot (1 - \frac{69\,\%}{100}) = 50 \cdot (1 - 0,69) = 50 \cdot 0,31 = 15,5$

i) $G^- = G \cdot (1 - \frac{p\%}{100}) = 25 \cdot (1 - \frac{12\,\%}{100}) = 25 \cdot (1 - 0,12) = 25 \cdot 0,88 = 22$

j) $G^- = G \cdot (1 - \frac{p\%}{100}) = 25 \cdot (1 - \frac{79\,\%}{100}) = 25 \cdot (1 - 0,79) = 25 \cdot 0,21 = 5,25$

k) $G^- = G \cdot (1 - \frac{p\%}{100}) = 25 \cdot (1 - \frac{83\,\%}{100}) = 25 \cdot (1 - 0,83) = 25 \cdot 0,17 = 4,25$

l) $G^- = G \cdot (1 - \frac{p\%}{100}) = 25 \cdot (1 - \frac{27\,\%}{100}) = 25 \cdot (1 - 0,27) = 25 \cdot 0,73 = 18,25$

12. Berechne den verminderten Grundwert G⁻:

a) $G^- = G \cdot (1 - \frac{p\%}{100}) = 34 \cdot (1 - \frac{21\,\%}{100}) = 34 \cdot (1 - 0,21) = 34 \cdot 0,79 = 26,86$

b) $G^- = G \cdot (1 - \frac{p\%}{100}) = 56 \cdot (1 - \frac{88\,\%}{100}) = 56 \cdot (1 - 0,88) = 56 \cdot 0,12 = 6,72$

c) $G^- = G \cdot (1 - \frac{p\%}{100}) = 19 \cdot (1 - \frac{51\,\%}{100}) = 19 \cdot (1 - 0,51) = 19 \cdot 0,49 = 9,31$

d) $G^- = G \cdot (1 - \frac{p\%}{100}) = 65 \cdot (1 - \frac{31\,\%}{100}) = 65 \cdot (1 - 0,31) = 65 \cdot 0,69 = 44,85$

e) $G^- = G \cdot (1 - \frac{p\%}{100}) = 168 \cdot (1 - \frac{38\,\%}{100}) = 168 \cdot (1 - 0,38) = 168 \cdot 0,62 = 104,16$

f) $G^- = G \cdot (1 - \frac{p\%}{100}) = 186 \cdot (1 - \frac{7\,\%}{100}) = 186 \cdot (1 - 0,07) = 186 \cdot 0,93 = 172,98$

g) $G^- = G \cdot (1 - \frac{p\%}{100}) = 150 \cdot (1 - \frac{18\,\%}{100}) = 150 \cdot (1 - 0,18) = 150 \cdot 0,82 = 123$

h) $G^- = G \cdot (1 - \frac{p\%}{100}) = 104 \cdot (1 - \frac{80\,\%}{100}) = 104 \cdot (1 - 0,8) = 104 \cdot 0,2 = 20,8$

i) $G^- = G \cdot (1 - \frac{p\%}{100}) = 246 \cdot (1 - \frac{4\%}{100}) = 246 \cdot (1 - 0{,}04) = 246 \cdot 0{,}96 = 236{,}16$

j) $G^- = G \cdot (1 - \frac{p\%}{100}) = 315 \cdot (1 - \frac{89\%}{100}) = 315 \cdot (1 - 0{,}89) = 315 \cdot 0{,}11 = 34{,}65$

k) $G^- = G \cdot (1 - \frac{p\%}{100}) = 280 \cdot (1 - \frac{65\%}{100}) = 280 \cdot (1 - 0{,}65) = 280 \cdot 0{,}35 = 98$

l) $G^- = G \cdot (1 - \frac{p\%}{100}) = 355 \cdot (1 - \frac{51\%}{100}) = 355 \cdot (1 - 0{,}51) = 355 \cdot 0{,}49 = 173{,}95$

13. Berechne den ursprünglichen Grundwert G (runde auf ganze Werte):

a) $G = \dfrac{G^-}{(1 - \frac{p\%}{100})} = \dfrac{51}{(1 - \frac{36\%}{100})} = \dfrac{51}{(1 - 0{,}36)} = \dfrac{51}{0{,}64} = 79{,}68 \approx 80$

b) $G = \dfrac{G^-}{(1 - \frac{p\%}{100})} = \dfrac{37}{(1 - \frac{66\%}{100})} = \dfrac{37}{(1 - 0{,}66)} = \dfrac{37}{0{,}34} = 108{,}82 \approx 109$

c) $G = \dfrac{G^-}{(1 - \frac{p\%}{100})} = \dfrac{39}{(1 - \frac{79\%}{100})} = \dfrac{39}{(1 - 0{,}79)} = \dfrac{39}{0{,}21} = 185{,}71 \approx 186$

d) $G = \dfrac{G^-}{(1 - \frac{p\%}{100})} = \dfrac{178}{(1 - \frac{13\%}{100})} = \dfrac{178}{(1 - 0{,}13)} = \dfrac{178}{0{,}87} = 204{,}59 \approx 205$

e) $G = \dfrac{G^-}{(1 - \frac{p\%}{100})} = \dfrac{71}{(1 - \frac{59\%}{100})} = \dfrac{71}{(1 - 0{,}59)} = \dfrac{71}{0{,}41} = 173{,}17 \approx 173$

f) $G = \dfrac{G^-}{(1 - \frac{p\%}{100})} = \dfrac{175}{(1 - \frac{25\%}{100})} = \dfrac{175}{(1 - 0{,}25)} = \dfrac{175}{0{,}75} = 233{,}33 \approx 233$

g) $G = \dfrac{G^-}{(1 - \frac{p\%}{100})} = \dfrac{93}{(1 - \frac{51\%}{100})} = \dfrac{93}{(1 - 0{,}51)} = \dfrac{93}{0{,}49} = 189{,}79 \approx 190$

h) $G = \dfrac{G^-}{(1 - \frac{p\%}{100})} = \dfrac{53}{(1 - \frac{13\%}{100})} = \dfrac{53}{(1 - 0{,}13)} = \dfrac{53}{0{,}87} = 60{,}91 \approx 61$

i) $G = \dfrac{G^-}{(1 - \frac{p\%}{100})} = \dfrac{194}{(1 - \frac{25\%}{100})} = \dfrac{194}{(1 - 0{,}25)} = \dfrac{194}{0{,}75} = 258{,}66 \approx 259$

j) $G = \dfrac{G^-}{(1 - \frac{p\%}{100})} = \dfrac{48}{(1 - \frac{81\%}{100})} = \dfrac{48}{(1 - 0{,}81)} = \dfrac{48}{0{,}19} = 252{,}63 \approx 253$

k) $G = \dfrac{G^-}{(1 - \frac{p\%}{100})} = \dfrac{12}{(1 - \frac{21\%}{100})} = \dfrac{12}{(1 - 0{,}21)} = \dfrac{12}{0{,}79} = 15{,}18 \approx 15$

l) $G = \dfrac{G^-}{(1-\dfrac{p\%}{100})} = \dfrac{115}{(1-\dfrac{60\ \%}{100})} = \dfrac{115}{(1-0,6)} = \dfrac{115}{0,4} = 287,5 \approx 288$

14. Berechne den Prozentsatz p% (runde auf ganze Werte):

a) $p\% = (\dfrac{G^-}{G}-1)\cdot(-100) = (\dfrac{23}{55}-1)\cdot(-100) = (0,42-1)\cdot(-100) = -0,58\cdot(-100) = 58\ \%$

b) $p\% = (\dfrac{G^-}{G}-1)\cdot(-100) = (\dfrac{9}{25}-1)\cdot(-100) = (0,36-1)\cdot(-100) = -0,64\cdot(-100) = 64\ \%$

c) $p\% = (\dfrac{G^-}{G}-1)\cdot(-100) = (\dfrac{82}{221}-1)\cdot(-100) = (0,37-1)\cdot(-100) = -0,63\cdot(-100) = 63\ \%$

d) $p\% = (\dfrac{G^-}{G}-1)\cdot(-100) = (\dfrac{28}{38}-1)\cdot(-100) = (0,74-1)\cdot(-100) = -0,26\cdot(-100) = 26\ \%$

e) $p\% = (\dfrac{G^-}{G}-1)\cdot(-100) = (\dfrac{42}{64}-1)\cdot(-100) = (0,66-1)\cdot(-100) = -0,34\cdot(-100) = 34\ \%$

f) $p\% = (\dfrac{G^-}{G}-1)\cdot(-100) = (\dfrac{68}{194}-1)\cdot(-100) = (0,35-1)\cdot(-100) = -0,65\cdot(-100) = 65\ \%$

g) $p\% = (\dfrac{G^-}{G}-1)\cdot(-100) = (\dfrac{83}{198}-1)\cdot(-100) = (0,42-1)\cdot(-100) = -0,58\cdot(-100) = 58\ \%$

h) $p\% = (\dfrac{G^-}{G}-1)\cdot(-100) = (\dfrac{50}{160}-1)\cdot(-100) = (0,31-1)\cdot(-100) = -0,69\cdot(-100) = 69\ \%$

i) $p\% = (\dfrac{G^-}{G}-1)\cdot(-100) = (\dfrac{98}{125}-1)\cdot(-100) = (0,78-1)\cdot(-100) = -0,22\cdot(-100) = 22\ \%$

j) $p\% = (\dfrac{G^-}{G}-1)\cdot(-100) = (\dfrac{26}{30}-1)\cdot(-100) = (0,87-1)\cdot(-100) = -0,13\cdot(-100) = 13\ \%$

k) $p\% = (\dfrac{G^-}{G}-1)\cdot(-100) = (\dfrac{118}{153}-1)\cdot(-100) = (0,77-1)\cdot(-100) = -0,23\cdot(-100) = 23\ \%$

l) $p\% = (\dfrac{G^-}{G}-1)\cdot(-100) = (\dfrac{117}{267}-1)\cdot(-100) = (0,44-1)\cdot(-100) = -0,56\cdot(-100) = 56\ \%$

Lösungen zu „Der vermehrte Grundwert" (Seite 48):

15. Berechne den vermehrten Grundwert G^+:

a) $G^+ = G\cdot(1+\dfrac{p\%}{100}) = 100\cdot(1+\dfrac{38\ \%}{100}) = 100\cdot(1+0,38) = 100\cdot1,38 = 138$

b) $G^+ = G\cdot(1+\dfrac{p\%}{100}) = 100\cdot(1+\dfrac{4\ \%}{100}) = 100\cdot(1+0,04) = 100\cdot1,04 = 104$

c) $G^+ = G\cdot(1+\dfrac{p\%}{100}) = 100\cdot(1+\dfrac{17\ \%}{100}) = 100\cdot(1+0,17) = 100\cdot1,17 = 117$

d) $G^+ = G\cdot(1+\dfrac{p\%}{100}) = 100\cdot(1+\dfrac{39\ \%}{100}) = 100\cdot(1+0,39) = 100\cdot1,39 = 139$

e) $G^+ = G \cdot (1 + \frac{p\%}{100}) = 100 \cdot (1 + \frac{21\%}{100}) = 100 \cdot (1 + 0,21) = 100 \cdot 1,21 = 121$

f) $G^+ = G \cdot (1 + \frac{p\%}{100}) = 100 \cdot (1 + \frac{8\%}{100}) = 100 \cdot (1 + 0,08) = 100 \cdot 1,08 = 108$

g) $G^+ = G \cdot (1 + \frac{p\%}{100}) = 100 \cdot (1 + \frac{67\%}{100}) = 100 \cdot (1 + 0,67) = 100 \cdot 1,67 = 167$

h) $G^+ = G \cdot (1 + \frac{p\%}{100}) = 100 \cdot (1 + \frac{54\%}{100}) = 100 \cdot (1 + 0,54) = 100 \cdot 1,54 = 154$

i) $G^+ = G \cdot (1 + \frac{p\%}{100}) = 100 \cdot (1 + \frac{75\%}{100}) = 100 \cdot (1 + 0,75) = 100 \cdot 1,75 = 175$

j) $G^+ = G \cdot (1 + \frac{p\%}{100}) = 100 \cdot (1 + \frac{89\%}{100}) = 100 \cdot (1 + 0,89) = 100 \cdot 1,89 = 189$

k) $G^+ = G \cdot (1 + \frac{p\%}{100}) = 100 \cdot (1 + \frac{81\%}{100}) = 100 \cdot (1 + 0,81) = 100 \cdot 1,81 = 181$

l) $G^+ = G \cdot (1 + \frac{p\%}{100}) = 100 \cdot (1 + \frac{62\%}{100}) = 100 \cdot (1 + 0,62) = 100 \cdot 1,62 = 162$

16. Berechne den vermehrten Grundwert G⁺:

a) $G^+ = G \cdot (1 + \frac{p\%}{100}) = 75 \cdot (1 + \frac{55\%}{100}) = 75 \cdot (1 + 0,55) = 75 \cdot 1,55 = 116,25$

b) $G^+ = G \cdot (1 + \frac{p\%}{100}) = 75 \cdot (1 + \frac{8\%}{100}) = 75 \cdot (1 + 0,08) = 75 \cdot 1,08 = 81$

c) $G^+ = G \cdot (1 + \frac{p\%}{100}) = 75 \cdot (1 + \frac{71\%}{100}) = 75 \cdot (1 + 0,71) = 75 \cdot 1,71 = 128,25$

d) $G^+ = G \cdot (1 + \frac{p\%}{100}) = 75 \cdot (1 + \frac{42\%}{100}) = 75 \cdot (1 + 0,42) = 75 \cdot 1,42 = 106,5$

e) $G^+ = G \cdot (1 + \frac{p\%}{100}) = 50 \cdot (1 + \frac{2\%}{100}) = 50 \cdot (1 + 0,02) = 50 \cdot 1,02 = 51$

f) $G^+ = G \cdot (1 + \frac{p\%}{100}) = 50 \cdot (1 + \frac{76\%}{100}) = 50 \cdot (1 + 0,76) = 50 \cdot 1,76 = 88$

g) $G^+ = G \cdot (1 + \frac{p\%}{100}) = 50 \cdot (1 + \frac{16\%}{100}) = 50 \cdot (1 + 0,16) = 50 \cdot 1,16 = 58$

h) $G^+ = G \cdot (1 + \frac{p\%}{100}) = 50 \cdot (1 + \frac{10\%}{100}) = 50 \cdot (1 + 0,1) = 50 \cdot 1,1 = 55$

i) $G^+ = G \cdot (1 + \frac{p\%}{100}) = 25 \cdot (1 + \frac{68\%}{100}) = 25 \cdot (1 + 0,68) = 25 \cdot 1,68 = 42$

j) $G^+ = G \cdot (1 + \frac{p\%}{100}) = 25 \cdot (1 + \frac{54\%}{100}) = 25 \cdot (1 + 0,54) = 25 \cdot 1,54 = 38,5$

k) $G^+ = G \cdot (1 + \frac{p\%}{100}) = 25 \cdot (1 + \frac{32\%}{100}) = 25 \cdot (1 + 0,32) = 25 \cdot 1,32 = 33$

l) $G^+ = G \cdot (1 + \frac{p\%}{100}) = 25 \cdot (1 + \frac{47\%}{100}) = 25 \cdot (1 + 0,47) = 25 \cdot 1,47 = 36,75$

17. Berechne den vermehrten Grundwert G$^+$:

a) $G^+ = G \cdot (1 + \frac{p\%}{100}) = 48 \cdot (1 + \frac{3\%}{100}) = 48 \cdot (1 + 0,03) = 48 \cdot 1,03 = 49,44$

b) $G^+ = G \cdot (1 + \frac{p\%}{100}) = 2 \cdot (1 + \frac{67\%}{100}) = 2 \cdot (1 + 0,67) = 2 \cdot 1,67 = 3,34$

c) $G^+ = G \cdot (1 + \frac{p\%}{100}) = 53 \cdot (1 + \frac{31\%}{100}) = 53 \cdot (1 + 0,31) = 53 \cdot 1,31 = 69,43$

d) $G^+ = G \cdot (1 + \frac{p\%}{100}) = 43 \cdot (1 + \frac{62\%}{100}) = 43 \cdot (1 + 0,62) = 43 \cdot 1,62 = 69,66$

e) $G^+ = G \cdot (1 + \frac{p\%}{100}) = 199 \cdot (1 + \frac{28\%}{100}) = 199 \cdot (1 + 0,28) = 199 \cdot 1,28 = 254,72$

f) $G^+ = G \cdot (1 + \frac{p\%}{100}) = 140 \cdot (1 + \frac{68\%}{100}) = 140 \cdot (1 + 0,68) = 140 \cdot 1,68 = 235,2$

g) $G^+ = G \cdot (1 + \frac{p\%}{100}) = 118 \cdot (1 + \frac{31\%}{100}) = 118 \cdot (1 + 0,31) = 118 \cdot 1,31 = 154,58$

h) $G^+ = G \cdot (1 + \frac{p\%}{100}) = 183 \cdot (1 + \frac{24\%}{100}) = 183 \cdot (1 + 0,24) = 183 \cdot 1,24 = 226,92$

i) $G^+ = G \cdot (1 + \frac{p\%}{100}) = 214 \cdot (1 + \frac{120\%}{100}) = 214 \cdot (1 + 1,2) = 214 \cdot 2,2 = 470,8$

j) $G^+ = G \cdot (1 + \frac{p\%}{100}) = 301 \cdot (1 + \frac{113\%}{100}) = 301 \cdot (1 + 1,13) = 301 \cdot 2,13 = 641,13$

k) $G^+ = G \cdot (1 + \frac{p\%}{100}) = 217 \cdot (1 + \frac{167\%}{100}) = 217 \cdot (1 + 1,67) = 217 \cdot 2,67 = 579,39$

l) $G^+ = G \cdot (1 + \frac{p\%}{100}) = 336 \cdot (1 + \frac{166\%}{100}) = 336 \cdot (1 + 1,66) = 336 \cdot 2,66 = 893,76$

18. Berechne den ursprünglichen Grundwert G (runde auf ganze Werte):

a) $G = \frac{G^+}{(1 + \frac{p\%}{100})} = \frac{273}{(1 + \frac{42\%}{100})} = \frac{273}{(1 + 0,42)} = \frac{273}{1,42} = 192,25 \approx 192$

b) $G = \frac{G^+}{(1 + \frac{p\%}{100})} = \frac{347}{(1 + \frac{60\%}{100})} = \frac{347}{(1 + 0,6)} = \frac{347}{1,6} = 216,87 \approx 217$

c) $G = \frac{G^+}{(1 + \frac{p\%}{100})} = \frac{212}{(1 + \frac{20\%}{100})} = \frac{212}{(1 + 0,2)} = \frac{212}{1,2} = 176,66 \approx 177$

d) $G = \frac{G^+}{(1 + \frac{p\%}{100})} = \frac{234}{(1 + \frac{53\%}{100})} = \frac{234}{(1 + 0,53)} = \frac{234}{1,53} = 152,94 \approx 153$

e) $G = \frac{G^+}{(1 + \frac{p\%}{100})} = \frac{195}{(1 + \frac{13\%}{100})} = \frac{195}{(1 + 0,13)} = \frac{195}{1,13} = 172,56 \approx 173$

f) $G = \dfrac{G^+}{(1+\dfrac{p\%}{100})} = \dfrac{87}{(1+\dfrac{67\,\%}{100})} = \dfrac{87}{(1+0,67)} = \dfrac{87}{1,67} = 52,09 \approx 52$

g) $G = \dfrac{G^+}{(1+\dfrac{p\%}{100})} = \dfrac{379}{(1+\dfrac{53\,\%}{100})} = \dfrac{379}{(1+0,53)} = \dfrac{379}{1,53} = 247,71 \approx 248$

h) $G = \dfrac{G^+}{(1+\dfrac{p\%}{100})} = \dfrac{333}{(1+\dfrac{11\,\%}{100})} = \dfrac{333}{(1+0,11)} = \dfrac{333}{1,11} = 300$

i) $G = \dfrac{G^+}{(1+\dfrac{p\%}{100})} = \dfrac{263}{(1+\dfrac{40\,\%}{100})} = \dfrac{263}{(1+0,4)} = \dfrac{263}{1,4} = 187,85 \approx 188$

j) $G = \dfrac{G^+}{(1+\dfrac{p\%}{100})} = \dfrac{399}{(1+\dfrac{90\,\%}{100})} = \dfrac{399}{(1+0,9)} = \dfrac{399}{1,9} = 210$

k) $G = \dfrac{G^+}{(1+\dfrac{p\%}{100})} = \dfrac{205}{(1+\dfrac{35\,\%}{100})} = \dfrac{205}{(1+0,35)} = \dfrac{205}{1,35} = 151,85 \approx 152$

l) $G = \dfrac{G^+}{(1+\dfrac{p\%}{100})} = \dfrac{288}{(1+\dfrac{51\,\%}{100})} = \dfrac{288}{(1+0,51)} = \dfrac{288}{1,51} = 190,72 \approx 191$

19. Berechne den Prozentsatz p% (runde auf ganze Werte):

a) $p\% = (\dfrac{G^+}{G} - 1) \cdot 100 = (\dfrac{396}{219} - 1) \cdot 100 = (1,81 - 1) \cdot 100 = 0,81 \cdot 100 = 81\,\%$

b) $p\% = (\dfrac{G^+}{G} - 1) \cdot 100 = (\dfrac{238}{126} - 1) \cdot 100 = (1,89 - 1) \cdot 100 = 0,89 \cdot 100 = 89\,\%$

c) $p\% = (\dfrac{G^+}{G} - 1) \cdot 100 = (\dfrac{112}{94} - 1) \cdot 100 = (1,19 - 1) \cdot 100 = 0,19 \cdot 100 = 19\,\%$

d) $p\% = (\dfrac{G^+}{G} - 1) \cdot 100 = (\dfrac{37}{28} - 1) \cdot 100 = (1,32 - 1) \cdot 100 = 0,32 \cdot 100 = 32\,\%$

e) $p\% = (\dfrac{G^+}{G} - 1) \cdot 100 = (\dfrac{316}{205} - 1) \cdot 100 = (1,54 - 1) \cdot 100 = 0,54 \cdot 100 = 54\,\%$

f) $p\% = (\dfrac{G^+}{G} - 1) \cdot 100 = (\dfrac{13}{11} - 1) \cdot 100 = (1,18 - 1) \cdot 100 = 0,18 \cdot 100 = 18\,\%$

g) $p\% = (\dfrac{G^+}{G} - 1) \cdot 100 = (\dfrac{446}{240} - 1) \cdot 100 = (1,86 - 1) \cdot 100 = 0,86 \cdot 100 = 86\,\%$

h) $p\% = (\dfrac{G^+}{G} - 1) \cdot 100 = (\dfrac{510}{293} - 1) \cdot 100 = (1,74 - 1) \cdot 100 = 0,74 \cdot 100 = 74\,\%$

i) $p\% = (\dfrac{G^+}{G} - 1) \cdot 100 = (\dfrac{48}{34} - 1) \cdot 100 = (1,41 - 1) \cdot 100 = 0,41 \cdot 100 = 41\,\%$

j) $p\% = (\dfrac{G^+}{G} - 1) \cdot 100 = (\dfrac{386}{218} - 1) \cdot 100 = (1,77 - 1) \cdot 100 = 0,77 \cdot 100 = 77\,\%$

k) $p\% = (\frac{G^+}{G} - 1) \cdot 100 = (\frac{422}{293} - 1) \cdot 100 = (1,44 - 1) \cdot 100 = 0,44 \cdot 100 = 44\ \%$

l) $p\% = (\frac{G^+}{G} - 1) \cdot 100 = (\frac{278}{156} - 1) \cdot 100 = (1,78 - 1) \cdot 100 = 0,78 \cdot 100 = 78\ \%$

Lösungen zu „Prozente über Prozente" (Seite 50):

20. Berechne den vermehrten Grundwert G^+:

a) $G^+_1 = G \cdot (1 + \frac{p\%_1}{100}) = 100 \cdot (1 + \frac{77\ \%}{100}) = 100 \cdot (1 + 0,77) = 100 \cdot 1,77 = 177$

$G^+_2 = G^+_1 \cdot (1 + \frac{p\%_2}{100}) = 177 \cdot (1 + \frac{29\ \%}{100}) = 177 \cdot (1 + 0,29) = 177 \cdot 1,29 = 228,33$

b) $G^+_1 = G \cdot (1 + \frac{p\%_1}{100}) = 100 \cdot (1 + \frac{80\ \%}{100}) = 100 \cdot (1 + 0,8) = 100 \cdot 1,8 = 180$

$G^+_2 = G^+_1 \cdot (1 + \frac{p\%_2}{100}) = 180 \cdot (1 + \frac{47\ \%}{100}) = 180 \cdot (1 + 0,47) = 180 \cdot 1,47 = 264,6$

c) $G^+_1 = G \cdot (1 + \frac{p\%_1}{100}) = 100 \cdot (1 + \frac{67\ \%}{100}) = 100 \cdot (1 + 0,67) = 100 \cdot 1,67 = 167$

$G^+_2 = G^+_1 \cdot (1 + \frac{p\%_2}{100}) = 167 \cdot (1 + \frac{38\ \%}{100}) = 167 \cdot (1 + 0,38) = 167 \cdot 1,38 = 230,46$

d) $G^+_1 = G \cdot (1 + \frac{p\%_1}{100}) = 100 \cdot (1 + \frac{62\ \%}{100}) = 100 \cdot (1 + 0,62) = 100 \cdot 1,62 = 162$

$G^+_2 = G^+_1 \cdot (1 + \frac{p\%_2}{100}) = 162 \cdot (1 + \frac{12\ \%}{100}) = 162 \cdot (1 + 0,12) = 162 \cdot 1,12 = 181,44$

e) $G^+_1 = G \cdot (1 + \frac{p\%_1}{100}) = 50 \cdot (1 + \frac{37\ \%}{100}) = 50 \cdot (1 + 0,37) = 50 \cdot 1,37 = 68,5$

$G^+_2 = G^+_1 \cdot (1 + \frac{p\%_2}{100}) = 68,5 \cdot (1 + \frac{14\ \%}{100}) = 68,5 \cdot (1 + 0,14) = 68,5 \cdot 1,14 = 78,09$

f) $G^+_1 = G \cdot (1 + \frac{p\%_1}{100}) = 50 \cdot (1 + \frac{46\ \%}{100}) = 50 \cdot (1 + 0,46) = 50 \cdot 1,46 = 73$

$G^+_2 = G^+_1 \cdot (1 + \frac{p\%_2}{100}) = 73 \cdot (1 + \frac{33\ \%}{100}) = 73 \cdot (1 + 0,33) = 73 \cdot 1,33 = 97,09$

g) $G^+_1 = G \cdot (1 + \frac{p\%_1}{100}) = 50 \cdot (1 + \frac{38\ \%}{100}) = 50 \cdot (1 + 0,38) = 50 \cdot 1,38 = 69$

$G^+_2 = G^+_1 \cdot (1 + \frac{p\%_2}{100}) = 69 \cdot (1 + \frac{11\ \%}{100}) = 69 \cdot (1 + 0,11) = 69 \cdot 1,11 = 76,59$

h) $G^+_1 = G \cdot (1 + \frac{p\%_1}{100}) = 50 \cdot (1 + \frac{48\ \%}{100}) = 50 \cdot (1 + 0,48) = 50 \cdot 1,48 = 74$

$G^+_2 = G^+_1 \cdot (1 + \frac{p\%_2}{100}) = 74 \cdot (1 + \frac{23\ \%}{100}) = 74 \cdot (1 + 0,23) = 74 \cdot 1,23 = 91,02$

i) $G^+_1 = G \cdot (1 + \frac{p\%_1}{100}) = 72 \cdot (1 + \frac{25\%}{100}) = 72 \cdot (1 + 0{,}25) = 72 \cdot 1{,}25 = 90$

$G^+_2 = G^+_1 \cdot (1 + \frac{p\%_2}{100}) = 90 \cdot (1 + \frac{36\%}{100}) = 90 \cdot (1 + 0{,}36) = 90 \cdot 1{,}36 = 122{,}4$

j) $G^+_1 = G \cdot (1 + \frac{p\%_1}{100}) = 110 \cdot (1 + \frac{46\%}{100}) = 110 \cdot (1 + 0{,}46) = 110 \cdot 1{,}46 = 160{,}6$

$G^+_2 = G^+_1 \cdot (1 + \frac{p\%_2}{100}) = 160{,}6 \cdot (1 + \frac{58\%}{100}) = 160{,}6 \cdot (1 + 0{,}58) = 160{,}6 \cdot 1{,}58 = 253{,}748$

k) $G^+_1 = G \cdot (1 + \frac{p\%_1}{100}) = 162 \cdot (1 + \frac{50\%}{100}) = 162 \cdot (1 + 0{,}5) = 162 \cdot 1{,}5 = 243$

$G^+_2 = G^+_1 \cdot (1 + \frac{p\%_2}{100}) = 243 \cdot (1 + \frac{25\%}{100}) = 243 \cdot (1 + 0{,}25) = 243 \cdot 1{,}25 = 303{,}75$

$G^+_3 = G^+_2 \cdot (1 + \frac{p\%_3}{100}) = 303{,}75 \cdot (1 + \frac{14\%}{100}) = 303{,}75 \cdot (1 + 0{,}14) = 303{,}75 \cdot 1{,}14 = 346{,}275$

l) $G^+_1 = G \cdot (1 + \frac{p\%_1}{100}) = 191 \cdot (1 + \frac{62\%}{100}) = 191 \cdot (1 + 0{,}62) = 191 \cdot 1{,}62 = 309{,}42$

$G^+_2 = G^+_1 \cdot (1 + \frac{p\%_2}{100}) = 309{,}42 \cdot (1 + \frac{51\%}{100}) = 309{,}42 \cdot (1 + 0{,}51) = 309{,}42 \cdot 1{,}51 = 467{,}2242$

$G^+_3 = G^+_2 \cdot (1 + \frac{p\%_3}{100}) = 467{,}2242 \cdot (1 + \frac{40\%}{100}) = 467{,}2242 \cdot (1 + 0{,}4) = 467{,}2242 \cdot 1{,}4$

$G^+_3 = 654{,}11388$

21. Berechne den verminderten Grundwert G⁻:

a) $G^-_1 = G \cdot (1 - \frac{p\%_1}{100}) = 100 \cdot (1 - \frac{28\%}{100}) = 100 \cdot (1 - 0{,}28) = 100 \cdot 0{,}72 = 72$

$G^-_2 = G^-_1 \cdot (1 - \frac{p\%_2}{100}) = 72 \cdot (1 - \frac{11\%}{100}) = 72 \cdot (1 - 0{,}11) = 72 \cdot 0{,}89 = 64{,}08$

b) $G^-_1 = G \cdot (1 - \frac{p\%_1}{100}) = 100 \cdot (1 - \frac{32\%}{100}) = 100 \cdot (1 - 0{,}32) = 100 \cdot 0{,}68 = 68$

$G^-_2 = G^-_1 \cdot (1 - \frac{p\%_2}{100}) = 68 \cdot (1 - \frac{28\%}{100}) = 68 \cdot (1 - 0{,}28) = 68 \cdot 0{,}72 = 48{,}96$

c) $G^-_1 = G \cdot (1 - \frac{p\%_1}{100}) = 100 \cdot (1 - \frac{35\%}{100}) = 100 \cdot (1 - 0{,}35) = 100 \cdot 0{,}65 = 65$

$G^-_2 = G^-_1 \cdot (1 - \frac{p\%_2}{100}) = 65 \cdot (1 - \frac{35\%}{100}) = 65 \cdot (1 - 0{,}35) = 65 \cdot 0{,}65 = 42{,}25$

d) $G^-_1 = G \cdot (1 - \frac{p\%_1}{100}) = 100 \cdot (1 - \frac{30\%}{100}) = 100 \cdot (1 - 0{,}3) = 100 \cdot 0{,}7 = 70$

$G^-_2 = G^-_1 \cdot (1 - \frac{p\%_2}{100}) = 70 \cdot (1 - \frac{37\%}{100}) = 70 \cdot (1 - 0{,}37) = 70 \cdot 0{,}63 = 44{,}1$

e) $G^-_1 = G \cdot (1 - \frac{p\%_1}{100}) = 50 \cdot (1 - \frac{26\%}{100}) = 50 \cdot (1 - 0{,}26) = 50 \cdot 0{,}74 = 37$

$G^-_2 = G^-_1 \cdot (1 - \frac{p\%_2}{100}) = 37 \cdot (1 - \frac{17\%}{100}) = 37 \cdot (1 - 0{,}17) = 37 \cdot 0{,}83 = 30{,}71$

f) $G_1^- = G \cdot (1 - \frac{p\%_1}{100}) = 50 \cdot (1 - \frac{50\ \%}{100}) = 50 \cdot (1 - 0,5) = 50 \cdot 0,5 = 25$

$G_2^- = G_1^- \cdot (1 - \frac{p\%_2}{100}) = 25 \cdot (1 - \frac{25\ \%}{100}) = 25 \cdot (1 - 0,25) = 25 \cdot 0,75 = 18,75$

g) $G_1^- = G \cdot (1 - \frac{p\%_1}{100}) = 50 \cdot (1 - \frac{46\ \%}{100}) = 50 \cdot (1 - 0,46) = 50 \cdot 0,54 = 27$

$G_2^- = G_1^- \cdot (1 - \frac{p\%_2}{100}) = 27 \cdot (1 - \frac{24\ \%}{100}) = 27 \cdot (1 - 0,24) = 27 \cdot 0,76 = 20,52$

h) $G_1^- = G \cdot (1 - \frac{p\%_1}{100}) = 50 \cdot (1 - \frac{35\ \%}{100}) = 50 \cdot (1 - 0,35) = 50 \cdot 0,65 = 32,5$

$G_2^- = G_1^- \cdot (1 - \frac{p\%_2}{100}) = 32,5 \cdot (1 - \frac{20\ \%}{100}) = 32,5 \cdot (1 - 0,2) = 32,5 \cdot 0,8 = 26$

i) $G_1^- = G \cdot (1 - \frac{p\%_1}{100}) = 194 \cdot (1 - \frac{54\ \%}{100}) = 194 \cdot (1 - 0,54) = 194 \cdot 0,46 = 89,24$

$G_2^- = G_1^- \cdot (1 - \frac{p\%_2}{100}) = 89,24 \cdot (1 - \frac{13\ \%}{100}) = 89,24 \cdot (1 - 0,13) = 89,24 \cdot 0,87 = 77,6388$

j) $G_1^- = G \cdot (1 - \frac{p\%_1}{100}) = 54 \cdot (1 - \frac{69\ \%}{100}) = 54 \cdot (1 - 0,69) = 54 \cdot 0,31 = 16,74$

$G_2^- = G_1^- \cdot (1 - \frac{p\%_2}{100}) = 16,74 \cdot (1 - \frac{18\ \%}{100}) = 16,74 \cdot (1 - 0,18) = 16,74 \cdot 0,82 = 13,7268$

k) $G_1^- = G \cdot (1 - \frac{p\%_1}{100}) = 48 \cdot (1 - \frac{35\ \%}{100}) = 48 \cdot (1 - 0,35) = 48 \cdot 0,65 = 31,2$

$G_2^- = G_1^- \cdot (1 - \frac{p\%_2}{100}) = 31,2 \cdot (1 - \frac{47\ \%}{100}) = 31,2 \cdot (1 - 0,47) = 31,2 \cdot 0,53 = 16,536$

$G_3^- = G_2^- \cdot (1 - \frac{p\%_3}{100}) = 16,536 \cdot (1 - \frac{53\ \%}{100}) = 16,536 \cdot (1 - 0,53) = 16,536 \cdot 0,47 = 7,77192$

l) $G_1^- = G \cdot (1 - \frac{p\%_1}{100}) = 143 \cdot (1 - \frac{57\ \%}{100}) = 143 \cdot (1 - 0,57) = 143 \cdot 0,43 = 61,49$

$G_2^- = G_1^- \cdot (1 - \frac{p\%_2}{100}) = 61,49 \cdot (1 - \frac{43\ \%}{100}) = 61,49 \cdot (1 - 0,43) = 61,49 \cdot 0,57 = 35,0493$

$G_3^- = G_2^- \cdot (1 - \frac{p\%_3}{100}) = 35,0493 \cdot (1 - \frac{29\ \%}{100}) = 35,0493 \cdot (1 - 0,29) = 35,0493 \cdot 0,71 = 24,885003$

22. Berechne den neuen Grundwert G_2:

a) $G_1 = G \cdot (1 + \frac{p\%^+}{100}) = 25 \cdot (1 + \frac{29\ \%}{100}) = 25 \cdot (1 + 0,29) = 25 \cdot 1,29 = 32,25$

$G_2 = G_1 \cdot (1 - \frac{p\%^-}{100}) = 32,25 \cdot (1 - \frac{63\ \%}{100}) = 32,25 \cdot (1 - 0,63) = 32,25 \cdot 0,37 = 11,9325$

b) $G_1 = G \cdot (1 + \frac{p\%^+}{100}) = 99 \cdot (1 + \frac{64\ \%}{100}) = 99 \cdot (1 + 0,64) = 99 \cdot 1,64 = 162,36$

$G_2 = G_1 \cdot (1 - \frac{p\%^-}{100}) = 162,36 \cdot (1 - \frac{72\ \%}{100}) = 162,36 \cdot (1 - 0,72) = 162,36 \cdot 0,28 = 45,4608$

c) $G_1 = G \cdot (1 + \frac{p\%^+}{100}) = 8 \cdot (1 + \frac{90\ \%}{100}) = 8 \cdot (1 + 0,9) = 8 \cdot 1,9 = 15,2$

$G_2 = G_1 \cdot (1 - \frac{p\%^-}{100}) = 15,2 \cdot (1 - \frac{42\ \%}{100}) = 15,2 \cdot (1 - 0,42) = 15,2 \cdot 0,58 = 8,816$

d) $G_1 = G \cdot (1 + \frac{p\%^+}{100}) = 73 \cdot (1 + \frac{46\ \%}{100}) = 73 \cdot (1 + 0,46) = 73 \cdot 1,46 = 106,58$

$G_2 = G_1 \cdot (1 - \frac{p\%^-}{100}) = 106,58 \cdot (1 - \frac{61\ \%}{100}) = 106,58 \cdot (1 - 0,61) = 106,58 \cdot 0,39 = 41,5662$

e) $G_1 = G \cdot (1 + \frac{p\%^+}{100}) = 21 \cdot (1 + \frac{47\ \%}{100}) = 21 \cdot (1 + 0,47) = 21 \cdot 1,47 = 30,87$

$G_2 = G_1 \cdot (1 - \frac{p\%^-}{100}) = 30,87 \cdot (1 - \frac{33\ \%}{100}) = 30,87 \cdot (1 - 0,33) = 30,87 \cdot 0,67 = 20,6829$

f) $G_1 = G \cdot (1 + \frac{p\%^+}{100}) = 90 \cdot (1 + \frac{28\ \%}{100}) = 90 \cdot (1 + 0,28) = 90 \cdot 1,28 = 115,2$

$G_2 = G_1 \cdot (1 - \frac{p\%^-}{100}) = 115,2 \cdot (1 - \frac{66\ \%}{100}) = 115,2 \cdot (1 - 0,66) = 115,2 \cdot 0,34 = 39,168$

g) $G_1 = G \cdot (1 - \frac{p\%^-}{100}) = 11 \cdot (1 - \frac{44\ \%}{100}) = 11 \cdot (1 - 0,44) = 11 \cdot 0,56 = 6,16$

$G_2 = G_1 \cdot (1 + \frac{p\%^+}{100}) = 6,16 \cdot (1 + \frac{61\ \%}{100}) = 6,16 \cdot (1 + 0,61) = 6,16 \cdot 1,61 = 9,9176$

h) $G_1 = G \cdot (1 - \frac{p\%^-}{100}) = 12 \cdot (1 - \frac{12\ \%}{100}) = 12 \cdot (1 - 0,12) = 12 \cdot 0,88 = 10,56$

$G_2 = G_1 \cdot (1 + \frac{p\%^+}{100}) = 10,56 \cdot (1 + \frac{32\ \%}{100}) = 10,56 \cdot (1 + 0,32) = 10,56 \cdot 1,32 = 13,9392$

i) $G_1 = G \cdot (1 - \frac{p\%^-}{100}) = 54 \cdot (1 - \frac{78\ \%}{100}) = 54 \cdot (1 - 0,78) = 54 \cdot 0,22 = 11,88$

$G_2 = G_1 \cdot (1 + \frac{p\%^+}{100}) = 11,88 \cdot (1 + \frac{89\ \%}{100}) = 11,88 \cdot (1 + 0,89) = 11,88 \cdot 1,89 = 22,4532$

j) $G_1 = G \cdot (1 - \frac{p\%^-}{100}) = 59 \cdot (1 - \frac{79\ \%}{100}) = 59 \cdot (1 - 0,79) = 59 \cdot 0,21 = 12,39$

$G_2 = G_1 \cdot (1 + \frac{p\%^+}{100}) = 12,39 \cdot (1 + \frac{69\ \%}{100}) = 12,39 \cdot (1 + 0,69) = 12,39 \cdot 1,69 = 20,9391$

k) $G_1 = G \cdot (1 - \frac{p\%^-}{100}) = 73 \cdot (1 - \frac{84\ \%}{100}) = 73 \cdot (1 - 0,84) = 73 \cdot 0,16 = 11,68$

$G_2 = G_1 \cdot (1 + \frac{p\%^+}{100}) = 11,68 \cdot (1 + \frac{72\ \%}{100}) = 11,68 \cdot (1 + 0,72) = 11,68 \cdot 1,72 = 20,0896$

l) $G_1 = G \cdot (1 - \frac{p\%^-}{100}) = 70 \cdot (1 - \frac{65\ \%}{100}) = 70 \cdot (1 - 0,65) = 70 \cdot 0,35 = 24,5$

$G_2 = G_1 \cdot (1 + \frac{p\%^+}{100}) = 24,5 \cdot (1 + \frac{11\ \%}{100}) = 24,5 \cdot (1 + 0,11) = 24,5 \cdot 1,11 = 27,195$

23. Löse die Textaufgaben:

a) $P = 160 €$; $p\% = 55 \%$; $G = ?$

$$G = \frac{P \cdot 100}{p\%} = \frac{160 € \cdot 100}{55 \%} = \frac{16.000 €}{55 \%} = 290,91 €$$

→ *Das Sofa kostetet früher 290,91 €.*

b) $G = 3.181 €$; $p\% = 19 \%$; $G^+ = ?$

$$G^+ = G \cdot (1 + \frac{p\%}{100}) = 3.181 € \cdot (1 + \frac{19 \%}{100}) = 3.181 € \cdot (1 + 0{,}19)$$

$$G^+ = 3.181 € \cdot 1{,}19 = 3.785{,}39 €$$

→ *Es müssen insgesamt 3.785,39 € überwiesen werden.*

c) $P = 19$ Punkte; $p\% = 76 \%$; $G = ?$

$$G = \frac{P \cdot 100}{p\%} = \frac{19 \text{ Punkte} \cdot 100}{76 \%} = \frac{1.900 \text{ Punkte}}{76 \%} = 25 \text{ Punkte}$$

→ *Die Gesamtpunktzahl beträgt 25 Punkte.*

d) $G^- = 19.000 €$; $p\% = 23 \%$; $G = ?$

$$G^- = G \cdot (1 - \frac{p\%}{100}) \qquad\qquad | : (1 - \frac{p\%}{100})$$

$$G = (1 - \frac{G^-}{(1 - \frac{p\%}{100})}) = \frac{19.000 €}{(1 - \frac{23\%}{100})} = \frac{19.000 €}{(1 - 0{,}23)} = \frac{19.000 €}{0{,}77} = 24.675{,}32 €$$

→ *Der Neupreis betrug 24.675,32 €.*

e) $G = 300$ l; $p\% = 15 \%$; $P = ?$

$$P = \frac{p\% \cdot G}{100} = \frac{15\% \cdot 300 \text{ l}}{100} = \frac{4500 \text{ l}}{100} = 45 \text{ l}$$

→ *Im Wasserfass sind 45 Liter.*

f) $P = 5{,}28$ m; $p\% = 22 \%$; $G = ?$

$$G = \frac{P \cdot 100}{p\%} = \frac{5{,}28 \text{ m} \cdot 100}{22 \%} = \frac{528 \text{ m}}{22 \%} = 24 \text{ m}$$

→ *Die Tapetenrolle ist 24 m lang.*

g) $G = 70 €$; $p\% = 30 \%$; $G^- = ?$

$$G^- = G \cdot (1 - \frac{p\%}{100}) = 70 € \cdot (1 - \frac{30 \%}{100}) = 70 € \cdot (1 - 0{,}3) = 70 € \cdot 0{,}7 = 49 €$$

→ *Die Jacke kostet jetzt 49 €.*

h) $P = 261 \text{ €}$; $p\%_{gespart} = 71\%$; $G = ?$

$p\%_{fehlen} = 100\% - p\%_{gespart} = 100\% - 71\% = 29\%$

$$G = \frac{P \cdot 100}{p\%_{fehlen}} = \frac{261 \text{ €} \cdot 100}{29\%} = \frac{26.100 \text{ €}}{29\%} = 900 \text{ €}$$

→ *Das Fahrrad kostet 900 €.*

i) $G^+ = 17,22 \text{ €}$; $p\% = 2,5\%$; $G = ?$

$$G^+ = G \cdot (1 + \frac{p\%}{100}) \qquad\qquad | : (1 + \frac{p\%}{100})$$

$$G = (1 + \frac{G^+}{(1 + \frac{p\%}{100})}) = \frac{17,22 \text{ €}}{(1 + \frac{2,5\%}{100})} = \frac{17,22 \text{ €}}{(1 + 0,025)} = \frac{17,22 \text{ €}}{1,025} = 16,80 \text{ €}$$

→ *Der Facharbeiter verdiente vor der Lohnerhöhung 16,80 € pro Stunde.*

j) $G^+ = 1.709,73 \text{ €}$; $p\% = 19\%$; $\Delta G = ?$ $\qquad$ (Δ = Delta = Differenz, Unterschied)

$$G^+ = G \cdot (1 + \frac{p\%}{100}) \qquad\qquad | : (1 + \frac{p\%}{100})$$

$$G = (1 + \frac{G^+}{(1 + \frac{p\%}{100})}) = \frac{1.709,73 \text{ €}}{(1 + \frac{19\%}{100})} = \frac{1.709,73 \text{ €}}{(1 + 0,19)} = \frac{1.709,73 \text{ €}}{1,19} = 1436,75$$

$\Delta G = G^+ - G = 1.709,73 \text{ €} - 1.436,75 \text{ €} = 272,98 \text{ €}$

→ *Die Mehrwertsteuer beträgt 272,98 €.*

k) $G = 68 \text{ kg}$; $P = 57,8 \text{ kg}$; $p\% = ?$

$$p\% = \frac{P}{G} \cdot 100 = \frac{57,8 \text{ kg}}{68 \text{ kg}} \cdot 100 = 0,85 \cdot 100 = 85\%$$

$100\% - 85\% = 15\%$

→ *Es gingen 15 % des ursprünglichen Gewichtes verloren.*

l) $P = 440 \text{ €}$; $p\% = 55\%$; $G = ?$

bereits gespart = Zuschuss Opa (20 %) + ¼ selbst gespart (25 %) = 45 %

Fehlbetrag (in %) = 100 % − bereits gespart = 100 % − 45 % = 55 %

$$G = \frac{P \cdot 100}{p\%} = \frac{440 \text{ €} \cdot 100}{55\%} = \frac{44.000 \text{ €}}{55\%} = 800 \text{ €}$$

→ *Saskias Urlaub kostet 800 €.*

24. Löse die Textaufgaben:

a) $P = 1.610 \text{ Personen}$; $p\% = 48\%$; $G = ?$

$$G = \frac{P \cdot 100}{p\%} = \frac{1.610 \text{ Personen} \cdot 100}{48\%} = \frac{161.000 \text{ Personen}}{48\%} = 3.354,16... \text{ Personen}$$

$G \approx 3.354 \text{ Personen}$

→ *Es laufen insgesamt 3.354 Personen mit.*

b) P = 635 Besucher; p% = 22 %; G = ?

$$G = \frac{P \cdot 100}{p\%} = \frac{635 \text{ Besucher} \cdot 100}{22\%} = \frac{63.500 \text{ Besucher}}{22\%} = 2.886,36... \text{ Besucher} \approx 2.886 \text{ Besucher}$$

→ Es sind 2.886 Besucher am Spiel.

c) G^+ = 847 €; p% = 12,93 %; G = ?

$$G^+ = G \cdot (1 + \frac{p\%}{100}) \qquad\qquad | : (1 + \frac{p\%}{100})$$

$$G = (1 + \frac{G^+}{(1 + \frac{p\%}{100})}) = \frac{847 \text{ Schüler}}{(1 + \frac{12,93\%}{100})} = \frac{847 \text{ €}}{(1 + 0,1293)} = \frac{847 \text{ €}}{1,1293} = 750 \text{ Schüler}$$

→ Im Jahr 2010 waren es 750 Schüler.

d) G = 2.350 €; G^- = 2.209 €; p% = ?

$$G^- = G \cdot (1 - \frac{p\%}{100}) \qquad\qquad | : G$$

$$(1 - \frac{p\%}{100}) = \frac{G^-}{G} = \frac{2.209 \text{ €}}{2.350 \text{ €}} = 0,94$$

$$(1 - \frac{p\%}{100}) = 0,94 \qquad\qquad | -1$$

$$-\frac{p\%}{100} = 0,94 - 1$$

$$-\frac{p\%}{100} = -0,06 \qquad\qquad | \cdot (-100)$$

$$p\% = -0,06 \cdot (-100) = 6\%$$

→ Tanjas Eltern bekommen 6 % Rabatt.

e) G = 9 Arbeiter + 32 Arbeiter = 41 Arbeiter; $P_{Straßenbahn}$ = 9 Arbeiter; P_{Auto} = 32 Arbeiter; $p\%_{Straßenbahn}$ = ?; $p\%_{Auto}$ = ?

$$p\%_{Straßenbahn} = \frac{P_{Straßenbahn}}{G} \cdot 100 = \frac{9 \text{ Arbeiter}}{41 \text{ Arbeiter}} \cdot 100 = 0,2195... \text{ Arbeiter} \cdot 100 \approx 22\%$$

$$p\%_{Auto} = \frac{P_{Auto}}{G} \cdot 100 = \frac{32 \text{ Arbeiter}}{41 \text{ Arbeiter}} \cdot 100 = 0,7804... \text{ Arbeiter} \cdot 100 \approx 78\%$$

→ Es kommen 22 % mit der Straßenbahn und 78 % mit dem Auto.

f) G^- = 1.178 €; p% = 15 %; ΔG = ? (Δ = Delta = Differenz, Unterschied)

$$G^- = G \cdot (1 - \frac{p\%}{100}) \qquad\qquad | : (1 - \frac{p\%}{100})$$

$$G = (1 - \frac{G^-}{(1 - \frac{p\%}{100})}) = \frac{1.178 \text{ €}}{(1 - \frac{15\%}{100})} = \frac{1.178 \text{ €}}{(1 - 0,15)} = \frac{1.178 \text{ €}}{0,85} = 1.385,88 \text{ €}$$

ΔG = G − G^- = 1.385,88 € − 1.178 € = 207,88 €

→ Julias Eltern haben 207,88 € gespart.

g) P = 198 m; p% = 26 %; G = ?

$$G = \frac{P \cdot 100}{p\%} = \frac{198 \text{ m} \cdot 100}{26 \%} = \frac{19.800 \text{ m}}{26 \%} = 761,53... \text{ m} \approx 762 \text{ m}$$

→ *Die Fußgängerzone ist 762 m lang.*

h) Verbrauch$_{\text{Auto 1}}$: $\dfrac{47 \text{ l}}{400 \text{ km}} = 0,1175$ l/km

Verbrauch$_{\text{Auto 2}}$: $\dfrac{65,8 \text{ l}}{700 \text{ km}} = 0,094$ l/km

ΔVerbrauch = Verbrauch$_{\text{Auto 1}}$ − Verbrauch$_{\text{Auto 2}}$ = 0,1175 l/km − 0,094 l/km = 0,0235 l/km

(Δ = Delta = Differenz, Unterschied)

→ G = Verbrauch$_{\text{Auto 1}}$ = 0,1175 l/km; P = ΔVerbrauch = 0,0235 l/km; p% = ?

$$p\% = \frac{P}{G} \cdot 100 = \frac{0,0235 \text{ l/km}}{0,1175 \text{ l/km}} \cdot 100 = 0,2 \cdot 100 = 20 \%$$

→ *Der Verbrauch von Auto 2 liegt um 20 % unter dem von Auto 1.*

i) G = 152 €; G⁻ = 129,20 €; p% = ?

$$G^- = G \cdot (1 - \frac{p\%}{100}) \qquad\qquad | : G$$

$$(1 - \frac{p\%}{100}) = \frac{G^-}{G} = \frac{129,20 \text{ €}}{152 \text{ €}} = 0,85$$

$$(1 - \frac{p\%}{100}) = 0,85 \qquad\qquad | -1$$

$$-\frac{p\%}{100} = 0,85 - 1$$

$$-\frac{p\%}{100} = -0,15 \qquad\qquad | \cdot (-100)$$

$$p\% = -0,15 \cdot (-100) = 15 \%$$

→ *Sie bekommt 15 % Rabatt.*

j) G = 31.868,20 + 8.400 € = 40.268,20 €; p% = 7 %; G⁻ = ?

$$G^- = G \cdot (1 - \frac{p\%}{100}) = 40.268,20 \text{ €} \cdot (1 - \frac{7\%}{100}) = 40.268,20 \text{ €} \cdot (1 - 0,07)$$

$$G^- = 40.268,20 \text{ €} \cdot 0,93 = 37.449,43 \text{ €}$$

→ *Der Kunde muss 37.449,43 € bezahlen.*

k) G = 260 kg; P$_{\text{Äpfel}}$ = 178 kg; p%$_{\text{Birnen}}$ = ?

$$p\%_{\text{Äpfel}} = \frac{P_{\text{Äpfel}}}{G} \cdot 100 = \frac{178 \text{ kg}}{260 \text{ kg}} \cdot 100 = 0,6846 \cdot 100 \approx 68,5 \%$$

$$p\%_{\text{Birnen}} = 100 \% - p\%_{\text{Äpfel}} = 100 \% - 68,5 \% = 31,5 \%$$

→ *35,1 % der Ernte sind Birnen.*

l) $G = 1.500 €; p\%_1 = 10\%; p\%_2 = 6\%; \Delta p\% = ?$ *(Δ = Delta = Differenz, Unterschied)*

$$G^- = G \cdot (1 - \frac{p\%_1}{100}) = 1.500\ € \cdot (1 - \frac{10\%}{100}) = 1.500\ € \cdot (1 - 0,1) = 1.500\ € \cdot 0,9 = 1.350\ €$$

$$G^+ = G^- \cdot (1 + \frac{p\%_2}{100}) = 1.350\ € \cdot (1 + \frac{6\%}{100}) = 1.350\ € \cdot (1 + 0,06) = 1.350\ € \cdot 1,06 = 1.431\ €$$

$$p\% = \frac{G^+}{G} \cdot 100 = \frac{1.431\ €}{1.500\ €} \cdot 100 = 0,954 \cdot 100 = 95,4\%$$

$$\Delta p\% = 100\% - p\% = 100\% - 95,4\% = 4,6\%$$

→ *Der Kaffeevollautomat ist jetzt um 4,6 % günstiger als am Anfang.*

7. Stichwortverzeichnis

Über die Website

Unter dem Motto „leichter Mathe lernen in der Community!" bietet dir das kostenlose Webportal **mathetreff-online.de** bei deinem Besuch viele Infos rund um das Thema Mathematik an. Die Inhalte sind hauptsächlich für Grund-, Haupt- und Realschüler optimiert, können aber auch für andere Schularten verwendet werden.

Die Website ist in drei große Bereiche unterteilt:

- Im Bereich **Wissen** findest du unser Mathelexikon. Damit angefangen, eine „normale" Formelsammlung für die eigene Realschule mit entsprechenden Beispielen bereitzustellen, finden sich heute über 700 Einträge von A wie Abbildungsmaßstab bis hin zu Z wie Zylinder. Als Ergänzung und „Mathelexikon2go" findest du hier auch unser umfangreiches Karteikartensystem zum Basteln.
- Im Bereich **Action** findest du Übungsaufgaben zu verschiedenen Themen zum Rechnen, aber auch Konstruktionen (natürlich mit entsprechender ausführlicher Lösung). Außerdem sind viele interaktive Lektionen verfügbar, die du direkt am Computer „durcharbeiten" kannst.
- In der Rubrik **Fun** soll der Spaß nicht zu kurz kommen. Hier findest du viele Matherätsel und Mathewitze, Quiz und online abrufbare Spiele sowie unzählige Bastelbögen, mit denen du allerlei mathematische Körper basteln kannst.

Grundsätzlich lässt sich die Website ohne Registrierung nutzen. Damit du selbst jedoch Forenbeiträge oder Kommentare schreiben kannst, ist eine kostenlose Registrierung erforderlich. Als registrierter Besucher hast du auch Zugriff auf exklusive Inhalte.

Wir freuen uns auf deinen Besuch unter https://www.mathetreff-online.de!

Einfach nebenstehenden QR-Code scannen und hinsurfen! Ich freue mich auf dich!

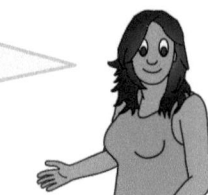